입시전문가 최승후쌤의
수의과대학 진로 진학 특강

입시전문가 최승후쌤의

수의과대학
진로 진학 특강

최승후 지음

북스토리

머리말

수의과대학은 반려동물 인구 1,500만 명 시대에 발맞춰 선호도가 높습니다. 하지만 직업적 안정성과 고소득만으로 수의사를 선택하지 않았으면 합니다. 너무 거창한 이야기 같지만, 피터 싱어의 말처럼 인간 평등의 토대가 되는 윤리 원리가 배려의 범위를 확장하여 동물도 동등하게 배려하는 박애와 평등정신을 가진 인재들이, 〈가디언즈 오브 갤럭시〉 3편에서 로켓과 라일라에게 가해진 동물실험에 분노하는 가슴 따뜻한 인재들이 수의과대학을 선택하기를 바라는 마음으로 이 책을 집필했습니다.

그리고 다른 의학계열 학과가 인간의 병을 다루는 학문이라면 수의예과는 동물케어에 초점이 맞춰져 있다는 사실이 매력적이었습니다. AI 시대에 수의과대학의 비전을 말해보고 싶은 이유입니다. 수의예과뿐만 아니라 반려동물학과, 반려동물산업학과, 반려동물보건학과, 동물보건학과 등을 졸업하고 동물 분야로 취업하려는 학생들도 큰 폭으로 늘어나고 있습니다. 과학기술의 발전과 상관없이 인간은 더욱 고독해지고 있어서 동물들에게 위안과 행복을 찾기 때문이겠죠.

이 책은 수의과대학의 진로·진학 자료와 정보를 저만의 안목으로 옷을 입혀 일목요연한 지식으로 정리하고 싶은 성장욕구도 한몫했습니다. 제게도 수의과대학에 관한 흩어져 있던 생각의 편린을 하나로 모은 지식편집의 값진 결과물입니다.

책의 체재는 간단합니다. 파트 1은 수의과대학 '진로', 파트 2는 '학과장, 재학생, 수의사 인터뷰', 파트 3은 '면접', 파트 4는 '입학 결과' 이야기입니다. 이 위계에 맞게 읽으셔도 되지만 순서가 무슨 대수겠습니까. 그리고 '수의예과 대입전형'도 실었습니다. 매년 바뀌는 '대입전형' 정보를 제공해서 수의예과 진학에 도움을 주기 위해서입니다.

자문해주신 전북대 수의과대학 수의예과 학과장 이기창 교수님, 수의학과 학과장 태현진 교수님 그리고 방지연, 유재성, 이용휘, 임대환 선생님, 동아일보 이종승 부국장님, 제자 박연주, 유지수, 양지우 이분들이 아니었다면 이 책은 세상에 빛을 볼 수 없었습니다.

모쪼록 이 책 한 권을 들고 수의과대학 진로·진학 둘레길을 산책할 수 있기를 희망합니다.

끝으로 독자 분께 한마디.
"진로 없는 진학은 맹목이며, 진학 없는 진로는 공허합니다."

2023년 8월
저자 최승후

목 차 ▪▪

2 수의과대학 슈퍼비전

목 차

3   수의과대학 면접

4 수의과대학 입학 결과

5 부록

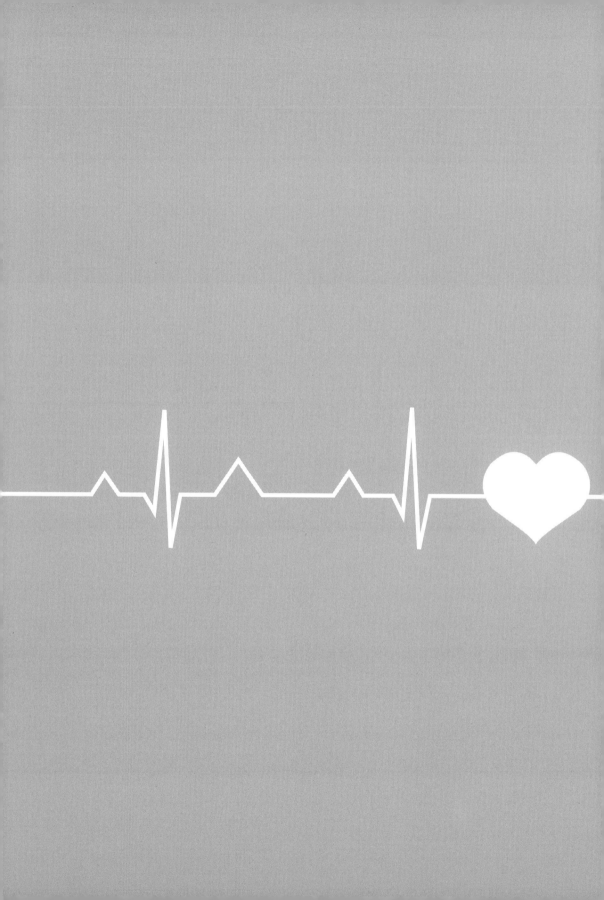

1

수의과대학
진로

CHAPTER 01 총론

수의과대학은 반려동물 인구 1,500만 명 시대에 발맞춰 최근 선호도가 높아지고 있다. 생명으로서 동물을 사랑하고 존중하며, 동물 질병 치료와 복지를 위해 미래 수의학 인재를 꿈꾸는 학생이라면 도전을 권하고 싶다. 국내 소재 수의과대학은 서울대, 강원대, 경북대, 경상국립대, 전남대, 전북대, 제주대, 충남대, 충북대, 건국대 총 10개 대학교에 개설돼 있다. 건국대만 사립대학이며, 9개 대학은 모두 국립대학이다. 지방 8개 대학은 지역거점국립대인 점이 특징이다. 수의사가 되려면 예과 2년과 본과 4년에서 총 6년의 교육과정을 이수하고 매년 초 시행하는 수의사 국가시험을 통해 수의사 면허를 취득하면 된다. 졸업 후 주로 동물병원에 근무하며 임상 수의사로서 소동물 · 대동물의 진료를 맡게 된다.

1 │ 수의예과 개설 10개 대학

지역	대학명	분류
서울	건국대	사립대학
	서울대	국립대학법인
강원	강원대	지역거점국립대학
대전	충남대	지역거점국립대학
충북	충북대	지역거점국립대학
경남	경상국립대	지역거점국립대학
대구	경북대	지역거점국립대학
광주	전남대	지역거점국립대학
전북	전북대	지역거점국립대학
제주	제주대	지역거점국립대학

수의과대학
(예과 2년 + 본과 4년)
교육과정 이수

수의사 국가시험
(매년 초 시행)

수의사 면허
(Doctor of
Veterinary
Medicine)

● 70년의 전통, 명성, 그 위상으로 수의학의 미래 리더 양성

전북대학교 수의과대학은 전국 최초의 중등실업교육과정의 수의축산과가 설립된 터전에, 10개 수의과대학 중 두 번째인 1951년 설립되어 2021년 개교 70주년이 되는 역사와 전통을 자랑하는 수의과대학입니다.

전북대학교 수의과대학은 수의사 윤리의식에 기초한 동물과 사람의 생명 존엄성과 건강을 수호하는 수의사를 양성하여 건강한 국가와 사회, 나아가 인류의 보건향상을 추구하는 것을 교육목표로 하고 있습니다.

우리 대학은 명실상부한 전북대학교를 대표하는 간판대학으로, 국내외 높은 평판을 이어가는 명문 단과대학이 되어가고 있습니다. 세계적인 대학 평가기관인 QS사의 평가에서 세계 100대 대학에 진입하는 쾌거를 이루었으며(2015~16년), 2018년 수의학교육프로그램 완전 인증(5년)획득, 2020년 3년 연속 수의사 국가고시 100% 합격, 2016년과 2019년 수석합격자 배출, 2020년 수의방역대학원 설립으로 수의과 대학 출신 방역 인력들의 재교육 과정도 갖추게 되었습니다.

현재 수의과대학 교육체계는 수의예과 2년과 수의학과 4년으로 통산 6년제 과정으로 이뤄지고 있으며, 학생 입학 정원은 50명, 학사편입 2명, 결원에 따른 일반편입으로 모집하고 있습니다. 그리고 35명의 전임교원과 25개 전공으로 이루어져 있습니다.

수의예과 2년은 본교 전주캠퍼스에서 따뜻한 인성을 가진 수의학도 양성을 위한 인문학 교양 수업과 수의학 기초과목을 수강하며, 수의학과는 익산 특성화캠퍼스에서 각종 동물의 생체 현상과 질병 예방은 물론 진단 진료에 효과적으로 대처할 수 있도록 각 전공별 이론과 실습수업을 수강합니다. 익산 특성화캠퍼스에는 수의과대학 전용 기숙사, 학년별 첨단 교육기자재 시스템을 갖춘 스마트 강의실이 있으며, 2019년 국립대학 혁신지원사업 지원으로 국립대학 최초 동물대체 실습모형을 갖춘 시뮬레이션실, 산업동물 임상 교육 강화를 위한 평창산업동물연수원 실습 프로그램(5일)도 운영하고 있습니다. 또한 학생회에서는 매년 수의과대학 학생회 전통사업인 "반려동물 한마당"을 개최하여 성숙한 반려동물 문화 확산의 주체자로서 역할을 수행하고 있습니다.

전북대학교 수의과대학은 국가와 지역발전을 위한 세계적 수준의 수의학 미래 리더 양성을 사명으로 70년 역사를 넘어 새로운 100년 도약을 힘차게 준비하고 있습니다. 우리 대학에 보여주신 애정과 관심에 감사드리며, 앞으로도 우리 대학 졸업생이 국내·외에서 인정받는 대학을 만들기 위해 최선의 노력을 다하겠습니다.

● 수의과대학교 교육목표

전북대학교 수의과대학은 수의사 윤리의식에 기초하여 동물과 사람의 생명 존엄성과 건강을 수호하는 수의사를 양성하여 건강한 국가와 사회, 나아가 인류의 보건향상을 추구한다.

- 졸업 역량
  - 졸업 역량(Day 1 skill)을 갖춘 수의사 양성
- 질병 예방 및 복지 향상
  - 동물과 사람의 질병 예방 및 복지 향상을 위해 끊임없이 노력하는 수의사 양성
- 창의적 연구 수행
  - 수의학, 의·약학 및 관련 생명공학 분야에서 창의적 연구를 수행하는 전문 연구인력 양성
- 인성교육
  - 인성교육을 통해 국가와 지역 사회에 헌신할 수 있는 수의사 양성
- 지역사회발전
  - 세계화 시대에 맞는 시민 정신을 갖추고 국가와 지역 사회 발전에 기여하는 수의사 양성

● 수의사 졸업 역량(Day 1 Competency)

- 동물의 건강과 질병관리를 최우선으로 여기고 과학적 근거를 바탕으로 한 진료능력과 동물복지를 실현할 수 있는 능력을 갖추어야 한다.
- 자신의 수학의 역량 증진을 위해 지속적으로 노력하고, 과학 발전에 기여해야 한다.

- 수의사로서 직무관련 법규와 윤리강령을 준수하고, 수의서비스가 국제적 공공재임을 인식하여야 한다.
- 동물, 사람, 환경의 건강이 하나로 연계되는 One Health에 대한 전문성을 갖추어야 한다.
- 보호자, 일반인, 동료 수의사 및 타 분야 전문가와 소통하고 협력하는 능력을 갖추어야 한다.

● 수의대 수의사상(Spirit of JBNU Veterinarians)

- **기본 역량** : 동물의 신체를 구성하는 조직이나 기관의 형태, 위치 및 구조, 생리적 기능 및 분자 생물학적 수준 등을 이해하며 숙지하고 있어야 한다. One Health 개념 즉 동물 질병은 사람과 환경 등 생태계의 건강과 연계돼 있으므로 모두에게 최적의 건강을 제공하기 위해 다차원적 협력이 가능하도록 수의학적 기술을 적용할 수 있어야 한다.
- **진료 역량** : 기본 분야의 수의학적 지식을 기반으로 개별 또는 집단 동물의 질병에 대한 진료 및 치료를 위한 임상적 지식과 실기를 숙지하고 활용할 수 있어야 한다.
- **전문직업성 역량** : 수의사로서 직업정체성과 사명감을 가지고 공익을 추구하고 사회적 책무를 다하고 수의사 윤리와 관련 법규를 준수하고 대중과 소통 및 협력하고, 개인의 삶을 관리하고 품위를 지키며 균형감을 유지하며 지속적인 전문성 향상을 위해 노력해야 한다.

3 | 서울대학교 수의과대학

● **서울대학교 수의과대학교 교육목표**

- 동물 진료 전문성
- One Health 전문성
- 소통과 협력
- 창의적 연구와 평생학습
- 사명감과 윤리의식

● **서울대학교 수의과대학교 졸업 역량**

- **동물의 건강과 질병관리**
  - 동물 진료
  - 동물 복지
- **One Health 선도**
  - One Health 리더십
  - 인수공통전염병
  - 식품위생 및 환경위생
- **소통과 협력**
  - 보호자 및 대중과의 소통과 협력
  - 동료 수의사와의 소통과 협력
  - 국내외 전문가와의 소통과 협력
- **연구와 학습**
  - 평생학습
  - 수의학 지식과 기술의 발전
- **전문가 의식**
  - 직업윤리
  - 수의사로서의 사명감
  - 개인과 조직 관리

● 서울대학교 '아로리' 전공 소개 수의과대학 중에서 발췌

- ### 서울대 수의과대학교 수의예과

  만약 외계인이 지구에 찾아온다면, 외계인들은 누구와 대화를 해볼까? 많은 사람들은 '그런 걸 왜 물어봐? 당연히 인간이지!'라고 대답할 것이다. 하기야 세계 곳곳에 걸쳐 문명을 이룩한 인간 외에 '감히' 어떤 생명체가 지구를 대표한단 말인가? 하지만 베르나르 베르베르의 소설 『개미』에서는 다른 이야기가 나온다. 외계인들은 아마 인간이 아니라 개미와 대화할 거라는 것이다. 왜냐하면 개미가 인간보다 더 개체수가 많고 인간이 사는 곳, 살지 않는 곳까지 진짜로 세계 곳곳에 퍼져 있기 때문이라는 것이다. 이것이 맞는 이야기일까? 이것만은 확실한 거 같다. 인간이 '지구의 주인'은 아니라는 것!

- ### '지구의 주인'은 누구인가?

  우리는 은연중에 자연은 인간에게 개척되고 이용되기 위해 존재한다고 생각한다. 하지만 알고 보면 이것은 우리가 지극히 '인간'의 시각에서 세상을 바라보는, 이기적인 견해일 뿐이다. 그렇다면 '지구의 주인'은 누구일까? 아니, '지구의 주인'이라는 게 있을까? 지구상에서는 수많은 생명체들이 조화를 이루며 생태계의 균형을 이루며 살아가고 있다. 그러니 지구상에 존재하는 모든 생명체인 인간, 개, 고양이, 양, 말, 나무, 꽃, 고래, 오징어, 물고기, 말미잘, 미역 그리고 심지어 무생물인 돌, 바람, 물까지도 모두가 '지구의 주인'이 아닐까?

- ### 서울대학교 수의과대학 수의학과

  지구상에 존재하는 모든 것이 '지구의 주인'이라면, 인간은 자연을 개척하고 이용할 수 있는 것이 아니라 마땅히 함께 어울리고 필요하다면 보호도 해줄 필요가 있을 것이다. 그리고 여기, 지구상의 여러 존재들 중에서도 특히 동물을 사랑하는 사람들이 있다. 서울대학교 수의과대학 수의학과 사람들이 바로 이들이다. 서울대학교 관악캠퍼스 정문을 지나 왼쪽으로 올라가다 보면 새로 짓고 있는 많은 건물들을 볼 수 있다. 그리고 그 근처에 수의대 건물이 있다. 2003년에 옛 수원캠퍼스에서 이사 왔기 때문인지 수의대 건물은 캠퍼스의 외곽에 몰려 있고 심지어 캠퍼스의 밖에까지 부속 건물이 나가 있기도 하다. 여기서 수의학을 배우고 있는 학생들과 교수님들을 만나볼 수 있었다.

- 왜 수의학을 배우냐고요? 동물을 사랑하니까요.

  학생들을 만났을 때 가장 궁금했던 건 '왜 수의학을 배우는가?'였다. 거창한 꿈이 있어서일까? 혹시 돈 벌기가 쉽나? 말 못하는 동물이 답답하거나 귀찮지는 않나? 하지만 질문에 대한 학생들의 대답은 만장일치로 똑같으면서도 간단했다. 막연하기도 했지만 생명을 사랑하는 사람들의 순수함도 느낄 수 있는 대답이었다.

- 수의학을 전공하게 된 계기가 어떻게 되세요?

  우리 과 학생들의 대부분은 집에서 동물을 기른 경험이 있고 지금도 많이 기르고 있다. 아마 동물을 좋아하고 사랑하니까 자연스레 수의학을 배우려고 했던 것 같다. 그리고 수의학도의 길로 들어서면, 고래나 호랑이 사체가 학교에 들어와 부검 장면을 참관하기도 하고 해부학을 배우고 나면 치킨에 닭이 한 마리가 들어갔는지 아닌지도 금방 알 수 있게 된다고 한다. 수의대 사람들이 워낙 동물을 좋아하기 때문에 학생들이 종종 반려동물을 데리고 학교에 오기도 하고, 반려동물이 수의대 건물을 돌아다니다가 수업 중인 강의실에 들어가도 교수님이 오히려 그 동물을 반갑게 맞아준다는 이야기도 들을 수 있다.

- 수의예과 2년, 수의학과 4년

  수의대는 6년제로, 2년의 예과 과정과 4년의 본과 과정으로 나누어져 있다. 배울 것이 많다 보니 4년의 본과 과정에서는 수의학만 집중적으로 배우고 2년의 예과 과정에서는 여러 가지 교양, 특히 자연과학 쪽의 수업을 들으며 지식의 밑바탕을 쌓는 것이다. 만약 4년제였다면 교양 수업을 아예 듣지 못했을 거라는 학생들의 대답을 들을 수 있었다. 수의학은 크게 진료를 위주로 하는 임상과 자연과학을 위주로 하는 비임상으로 나누어지는데, 본과 1, 2학년 때는 비임상 과목을 많이 배우고 3, 4학년 때는 임상 과목을 많이 배운다고 한다. 전국에는 10개의 수의대가 있어서 전국수의학도협의회라는 학생기구가 있는데, 1년에 한 번씩 전국의 수의학과 학생들이 모여 2박 3일 동안 교류 활동을 하기도 한다. 수의대 안에 국내 봉사나 해외 봉사를 하는 동아리도 있다. 국내 봉사 동아리는 한 달에 한 번 봉사 활동을 하고, 해외 봉사 동아리는 최근에 스리랑카에서 마을에 있는 개들의 기생충 감염이나 질병 감염 상태를 확인하고 치료해주는 활동을 했다고 한다.

- 변화하는 수의대

  교수님들께는 시대의 요구에 맞추어 변화하는 수의대의 모습에 대해 알 수 있었다. 우선 수의대 근처가 왜 공사판인지도 알 수 있었다. 97년에 세워진 부속 동물병원이 너무 작아서 새로운 동물 병원을 크게 지을 예정이라는 것. 여기에는 조류독감 AI와 같은 고위험 병원체를 다루는 연구 시설 등 여러 첨단시설이 들어올 예정이라고 한다. 강원도 평창에는 평창캠퍼스 그린바이오과학기술연구원이 조성되고 있는데 여기에 소, 돼지, 닭 같은 산업동물 실습장이 조성될 것이라는 이야기도 들을 수 있었다. 따라서 학생들에게 더 나은 임상 교육 환경을 제공할 수 있을 것이다. 우리 학교 수의대는 세계화에 발맞추어 미국 수의사회(AVMA) 인증도 준비하고 있다고 한다. 수의학이 가장 발달한 미국에서 수의사회의 인증을 받으면 미국 현지에서 일할 때 재교육 절차를 건너뛸 수 있는 것은 물론이고, 인증을 위해 개선하는 여러 시설 및 교육과정 등 교육환경의 긍정적 변화들은 수의학도들에게 선진국 수준의 교육 환경을 제공할 것이라 한다. 이러한 변화들은 곧 2~3년 안에 결실을 맺어 앞으로 수의대에 들어올 학생들이 혜택을 누릴 수 있을 것이다.

- 천기누설, 입시에 대한 Tip!?

  아마 고등학생들이 이 글을 읽으며 가장 궁금해 하는 부분은 입시에 대한 부분이 아닐까!? 교수님들과의 대화에서 입시에 대한 이야기를 들을 수 있었는데, 그중 몇 가지를 살펴보자!

  "서울대라는 이름이 있다 보니 성적이나 학업능력이 좋아야 하겠지만 전공을 할 수 있는 적성 부분도 중요하죠."

  "학생들이 획일화된 자기소개서나 획일화된 도서를 제시하는 게 심해요. 가령, 제인 구달의 책이라든가……. 되도록 학생들이 넓은 시야를 갖도록 노력했으면 좋겠습니다."

  "공부를 잘 하는 것보다는 여러 활동을 하고 많이 생각하는 게 중요합니다. 이를 확인하기 위해서는 종전보다 깊이 있는 면접이 필요하다고 생각합니다. 학생들에게 말을 많이 해보게 해서 학생들이 정말로 자기가 수의학을 전공하고 싶은지 확인해보는 거죠."

인간에겐 동물을 다스릴 권한이 있는 게 아니라 모든 생명체를 지킬 의무가 있다
– 제인 구달

4 | 반려동물 연관산업 발전방안 연구

● **지인배, 김현중, 김원태, 서강철 공동연구 / 한국농촌경제연구원 / 2017년**

- 2017년 전국 1,952만 가구 중 29.4%인 574만 가구에서 개 632만 마리, 고양이 243만 마리를 기르고 있는 것으로 추정됨. 전체 반려동물 사육 마릿수는 약 874만 마리로 추정됨. 반려동물 사육 인구수는 약 1,481만 명으로 추정됨.

- 2014년 기준 반려동물 연관산업의 규모는 1조 5,684억 원으로 연평균 14.5%씩 성장하고 있음. 산업별로는 사료산업이 4,841억 원, 동물 및 관련 용품산업이 3,849억 원, 수의 서비스 산업이 6,551억 원, 장묘 및 보호 서비스가 338억 원, 보험이 6억 원 수준인 것으로 조사됨.

- 반려동물 사육 마릿수는 꾸준히 증가하여 2027년 1,320만 마리에 이를 것으로 전망됨. 반려동물 연관산업 규모는 2017년 2조 3,322억 원에서 2027년 6조 원 이상으로 성장할 것으로 전망됨.

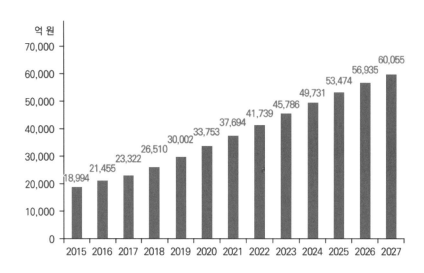

〈반려동물 연관산업 규모 전망〉

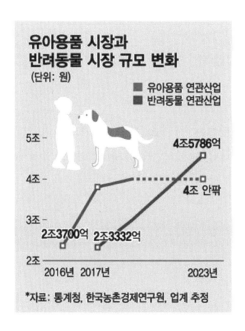

수의과대학 진로 진학 특강

5 | 수의과대학 관련 시사용어 및 시사이슈

● **공중방역수의사**

예과를 마친 후 본과 3학년 1학기 중 수의사관 후보생에 지원하여 합격하면 수의사관 즉 중위로 임관하여 대위로 전역하는 수의장교나 공중방역수의사(이하 공방수) 중 하나로 갈 수 있게 된다. 본봉은 장교 계급 중 중위에 준하며, 크게 전국 시군구, 시험소, 검역본부에 소속되어 방역 업무에 종사한다. 공중방역수의사에 대한 법령을 보면, 공방수는 병역의 의무를 3년 동안의 농림축산식품부 소속 임기제공무원으로 일하는 사람이라고 보면 된다. 공중방역 수의사 연수원 교육이 시작되는 날로부터 정확히 3년 동안이 복무기간이다. 복무 시작 전 육군훈련소에서 3주 기초군사훈련을 받으며, 3년 복무기간에 산입하지 않는다. 급여 기본급은 중위 1호봉이다. 기초군사훈련이 끝나는 순간 국방부 소속에서 농식품부 소속으로 바뀌며 임기제 공무원이기 때문에 수의사관과는 달리 석사 등 학위과정을 밟는 것 또한 가능하다. 최근 대한공중방역수의사협회에서는 한양대학교 경영전문대학원과 MOU를 맺기도 하였다. 공방수들에 대한 자세한 규정은 "공중방역수의사에 관한 법률"이나 "공중방역수의사 운영지침"을 참고하면 된다.

● **수의사관**

군대의 장교 중 하나로 수의사를 수의관/수의장교로 임관시키는 제도이다. 군의관에는 포함되지 않는다. 수의장교, 수의관(獸醫官)은 군용동물 군마와 군견에 대한 진료를 실시하고, 군의 식품검사, 수질검사, 위생관리, 방역활동, 역학조사 등의 예방의무 활동을 주로 실시하고 있다.

● **펫티켓**

반려동물 예의범절.

● 펫팸족

반려동물을 뜻하는 펫(pet)과 가족을 의미하는 패밀리(family)가 합쳐진 조어로 반려동물을 가족으로 생각하는 사람들을 말한다. 1~2인 가구의 급증과 고령화 시대의 도래로 펫팸족은 빠른 속도로 증가하고 있는 추세.

● 펫보험

반려동물용 의료보험.

● 펫카페

일반적으로 손님들이 돈을 지불하고 여가 및 휴식 등을 제공하기 위해 각 가정에서 사육하고 있는 강아지 등 반려견과 같이 지낼 수 있도록 해주는 카페.

● 펫시터

반려동물을 뜻하는 '펫(Pet)'과 돌보는 직업을 가리키는 '시터(Sitter)'의 합성어로, 반려동물을 돌보는 사람들을 가리킨다. 견주가 여행 등의 이유로 장기간 집을 비우게 돼 반려동물을 당분간 돌볼 수 없는 상황에 놓였을 때, 이들을 대신해 반려동물을 산책시키거나 운동시키는 등 돌보는 일을 맡는 직업.

● 펫호텔

반려동물과 숙박이 가능한 호텔. 또는 반려동물을 맡아서 숙박대행을 해주는 호텔.

● 비건(Vegan, 채식주의자)

동물성 식품의 섭취뿐 아니라 동물성 원료로 만든 제품도 사용하지 않는 사람들을 두루 이르는 말. 우유와 달걀 등 낙농 제품을 섭취하는 채식주의자인 베지테리언과 구분됨.

● 베지테리언(Vegetarian, 채식자의자)

종교적·금욕적·영양학적 이유로 채소·과일·곡물·견과류만을 먹는 사람을 가리키는 말.

● **동물보호법**

1991년 제정된 대한민국 법률이다. 이 법은 동물에 대한 학대행위의 방지 등 동물을 적정하게 보호·관리하기 위하여 필요한 사항을 규정함으로써 동물의 생명보호, 안전 보장 및 복지 증진을 꾀하고, 동물의 생명 존중 등 국민의 정서를 함양하는 데에 이바 지함을 목적으로 함.

● **수의대생 실습 부족**

- 암컷 중성화 수술도 수의대생이 직접 만든 더미로 연습
- 유기견 사체 수의사·수의대생 실습 활용 찬성 응답 85%

동물복지에 관한 관심이 커지면서, 수의대에서 시행되던 '살아 있는 동물 대상' 외과실 습, 실험이 많이 사라졌습니다. 실습 부족으로 수의대생의 실력 향상 기회도 같이 줄 어들고 있다는 지적이 나옵니다. 이런 문제를 해결하기 위해 더미 등 동물모형을 활 용한 연습이 늘고 있습니다. 하지만 실제 동물 및 사체(카데바)와 비교했을 때 한계가 있는 게 사실입니다. 일각에서는 유기동물 보호소에서 수의대생이 실습을 할 수 있게 하거나, 유기동물 사체를 수의대에 기증해 실습 교육에 활용하는 방안이 제시되고 있 습니다.

● **수의사 희생 강요하는 정부 정책에 더 이상 참지 않는 수의계**

- 동물병원 희생 강요하는 광견병 관납… 접종비 1만 원 이하 대부분
- 마당개 1만 8천 마리 중성화하겠다는데… 수의사회는 참여 불가
- 길고양이 TNR·마당개 중성화 문제 많다… 수의사회 보이콧 움직임

그동안 수의사들의 일방적인 희생으로 진행되는 국가 동물방역 관련 사업에 수의사들 이 제동을 걸었습니다. 턱없이 낮은 수준에 머물고 있는 광견병 관납 백신 접종비, 안 전한 수술을 위한 최소한의 검사도 불가능한 마당개 중성화수술 단가, 전문가 의견을 고려하지 않는 고양이 중성화사업 실시요령(TNR 요령) 등에 수의계가 강력하게 문제 를 제기했습니다. 이후 서울 등 일부 지자체에서 광견병 관납 백신 접종비가 인상되는 등 성과가 있었습니다.

● 수의사 공무원 인기 몰락

• 가축방역관 부족, 처우개선만으로는 한계… 업무 다이어트 필요하다

10여 년 전만 해도 농림축산검역본부(전 수의과학검역원) 수의사 공무원(수의 7급, 수의연구사)이 되기 위해서는 상당한 경쟁이 필요했습니다. 하지만 지금은 분위기가 완전히 바뀌었습니다. 지자체는 수의사 공무원을 채용하기 위해 무시험 채용공고를 지속적으로 내고 있고, 검역본부는 아예 수의사 공무원 상시채용 공고까지 냈으나 수의사들의 관심은 적기만 합니다. 열악한 대우, 과도한 업무, 적은 승진기회 등 근본적인 문제 해결 없이는 가축방역관 부족 사태는 해결이 요원해 보입니다.

● 수의학 플랫폼 전쟁

2022년은 수의사·수의대생 대상 플랫폼이 대거 등장한 한 해였습니다. 아이해듀, 베터플릭스, 인벳츠, 채널, 에듀벳 등 기존 교육 플랫폼이 활발히 운영되는 가운데, 엠서클 베터빌(Vetterville), 벳아너스 브이박스, 핏펫 브이링크 등이 새롭게 런칭됐습니다. 또한, 펫닥 브이파트너스의 DV Pharm(동물병원의 체계적인 처방 관리를 위한 약학 정보 서비스) 등 기존에 없었던 새로운 서비스도 나왔고, 또 하나의 동물병원 얼라이언스 코벳(COVET)도 등장했습니다. 벳플레이스, 베트윈 등 수의사 커뮤니티도 나타났으며, 동물병원 경영전문지 VET CLINIC, 수의사 뉴스 투데이도 창간됐습니다.

● 수의계 파고드는 인공지능(AI)

• "AI는 수의사를 대체하는 것이 아니라 수의사의 진단을 돕는 것"

SKT(SK텔레콤)의 AI기반 수의영상 진단보조서비스 '엑스칼리버(X Caliber)'가 출시되고, 미국의 AI 방사선 판독 서비스 VETOLOGY가 국내에 출시되며, 수의계에서 AI(인공지능)에 관한 관심이 높아진 2022년 한 해였습니다. AI(인공지능)가 수의사를 대체할 것 같은 막연한 두려움 때문에 AI를 배척하기보다, 오히려 잘 활용하는 것이 중요하다는 게 전문가들의 공통된 의견입니다.

● 반려동물 헌혈에 대한 높아진 관심… 공혈견 대체할까

• '공혈견에서 현혈견으로' 건국대 동물병원 현혈센터 개관

공혈견의 동물복지 문제가 지속적으로 제기되고, 동물혈액이 동물용 의약품에 해당되어 제조업 허가 및 시설기준 준수가 필요하다는 지적이 나오는 가운데, 반려동물 헌혈에 대한 관심이 높아진 한 해였습니다. 특히, 건국대학교 부속 동물병원 KU I'M DOgNOR 헌혈 센터가 개관하며 반려동물 헌혈의 중요성과 의미가 널리 알려졌습니다. 건국대 부속 동물병원은 2022년 대한민국 반려동물 문화대상을 받았고, 헌혈견협회는 2022년 대한민국 동물복지대상을 받았습니다.

● 점차 중요해지는 수의사의 '설명의무'

- '수술로 사망한 반려견, 사전 검사·설명 미흡했다' 위자료 인정한 법원
- "반려동물 수술 시 설명 충분히 하지 않은 수의사, 위자료 배상해야"

올해는 수의사의 설명의무가 강조된 1년이었습니다. '설명의무'는 동물 보호자의 자기결정권에 대한 존중 차원에서 수의사가 보호자에게 질병의 증상, 치료방법의 내용 및 그 위험성 등을 설명해야 할 의무를 뜻합니다. 반려견이 수술을 받다 죽은 경우, 동물병원 수의사가 사전에 검사와 설명을 제대로 하지 못했다면 손해를 배상해야 한다는 법원 판결이 나왔으며, 반려동물 수술 시 보호자가 상세한 설명을 듣지 못한 경우 수의사가 위자료 배상 책임을 져야 한다는 한국소비자원 소비자분쟁조정위원회의 조정 결정도 있었습니다. 특히, 2022년 7월 5일에는 마취를 동반한 수술을 하기 전에 보호자에게 ① 진단명 ② 수술의 필요성과 방법 및 내용 ③ 발생 가능한 후유증 또는 부작용 ④ 보호자 준수사항을 미리 설명하고 서면동의를 받아야 하는 제도가 시행됐습니다.

● 동물보호법 전부개정… 동물학대 처벌 강화에 기질평가 도입까지

- 말티즈도 사람 물면 기질평가 거쳐 '맹견'지정 및 중성화수술 의무화
- 기질평가해 맹견 관리한다지만 현실성 있나 우려

2022년 4월 5일 동물보호법 전부개정안이 국회 본회의를 통과했습니다. 기존 법(47조)보다 조항이 2배 이상 늘어난 거대법안으로 재탄생했습니다(총 101조). 동물판매업, 수입업, 장묘업이 허가제로 강화됐고, 동물보건사에 이어 훈련사의 국가자격화가 확정됐습니다(반려동물행동지도사). 동물학대 행위가 구체화되고 처벌이 강화됐으며,

맹견사육허가제, 사설유기동물보호소 신고제(민간동물보호시설 신고제), 사육포기동물인수제, 실험동물 전임수의사제도 등이 도입됩니다. 특히, 각 광역지자체에 기질평가위원회를 설치하고, 기질평가를 통해 개를 맹견으로 지정하는 한편, 안락사까지 명할 수 있는 '기질평가 제도'도 도입됐습니다. 말티즈, 푸들, 시추도 기질평가를 거쳐 안락사까지 될 수 있기 때문에 논란이 되고 있습니다.

● 동물보건사 제도 시행

- 2022년 처음으로 배출된 동물보건사는 2311명
- 한국동물보건사협회 정식 창립

제도 도입 과정에서 말도 많고 탈도 많았던 동물보건사 제도가 2022년 처음 시행됐습니다. 지난 2월 27일 제1회 동물보건사 국가자격시험이 열렸으며, 8월에는 한국동물보건사협회가 정식 창립했습니다. 제2회 동물보건사 자격시험은 2023년 2월 26일에 열립니다.

● 한층 거세진 국가시험 개편 요구에 위원회 폐지 논란까지

- '수의사 국가시험 문항 공개하라' 법적 절차 밟는다
- 수의사, 수의대생, 수의대교수 86% 찬성 '국시 실기시험', 어떻게 도입할까
- 수의사 국시위원회 통폐합 법안, 결국 정부입법 발의

2022년은 수의사국가시험 개편 요구가 매우 높았던 한 해였습니다. 수의대생의 89.7%가 국가시험 기출문제 공개나 문제은행식 제도 도입이 필요하다고 답했으며, 수의사, 수의대생, 수의과대학 교수 대부분이 수의사 국가시험 실기시험이 필요하다고 답했습니다. 대한수의과대학학생협회(수대협)와 수의미래연구소(수미연)는 수의사 국가시험 문항이 공개되지 않을 경우 행정소송을 제기하겠다고 밝힌 상황입니다. 이런 와중에 수의사국가시험위원회를 가축방역심의회와 통폐합(중앙가축방역수의심의회)하는 법안이 발의돼 수의계 전체가 발칵 뒤집혔습니다.

● 수의사 처방제 확대 시행… 약국에서 개 고양이 백신 판매 금지

- 2022년 11월 13일부터 동물약국에서 반려견 4종 백신 판매하면 '불법'

- 수의사처방제 확대… 문제는 약사 예외조항
- 약사 예외조항은 수의사처방제 취지에 반한다

2022년 11월 13일부터 수의사처방제가 확대 시행되며, 동물약국에서 반려견 4종 백신 (DHPPi), 반려묘 3종 백신(FVRCP)을 수의사 처방전 없이 판매할 수 없게 됐습니다. 수의사처방제의 목적과 취지를 살리기 위해 약사 예외조항을 삭제해야 한다는 목소리도 커지고 있습니다. 현재, (동물)약국은 '약사 예외조항'에 따라, 주사용 항생제와 주사용 생물학적 제제를 제외한 처방대상 동물용 의약품을 수의사 처방전 없이 합법적으로 판매할 수 있습니다.

● 이리 치이고 저리 치인 동물병원

- ● 국정감사에서 동네북 된 동물병원
- "동물병원 펜타닐패치 처방 증가… 감시체계 강화해야"(신현영 의원)

올해 국정감사에서 동물병원이 '동네북'이 됐습니다. 여러 명의 국회의원이 매일 다른 주제로 동물병원의 문제점을 지적한 것입니다. 동물진료부 공개, 마약류 불법사용 및 오남용, 인체용 의약품 공급·배송 과정, 펜타닐패치 처방 증가 등에 대한 지적과 개선 요구가 이어졌으며, 역대 최초로 동물병원 의료사고 피해자(보호자)가 국정감사장에 직접 등장하기도 했습니다.

- ● 동물병원 인체용 의약품 공급·사용 '정조준'
- 인체약 동물병원 공급 불법 배송? '악법임을 방증한다'
- 동물병원에서 쓰는 인체약, 수의사처방관리시스템 의무 입력 법안 발의

약사 출신인 서영석 더불어민주당 의원이 동물병원의 인체용 의약품 공급 과정(배송)이 약사법 위반 소지가 있다고 지적한 데 이어, 동물병원의 인체약 사용 관리를 강화하는 수의사법·약사법 개정안을 동시에 발의했습니다. 서 의원이 발의한 수의사법이 통과되면, 동물병원 수의사는 인체용 전문의약품을 사용할 때마다 수의사처방관리시스템(eVET)에 사용내역을 입력해야 합니다. 그러나 동물병원으로의 인체용 의약품 공급 문제는 근본적으로 공급체계 규제에 있다는 반론이 제기됩니다. 현재 동물병원은 병·의원과 달리 인체약을 도매상이 아닌 약국에서만 구입해야만 합니다.

- 동물병원 진료비 부담 완화 현실화될까?
- 윤석열 동물공약 1번 '반려동물 표준수가제 도입 및 치료비 부담 경감'
- 윤석열 정부 110대 국정과제에 '반려동물 진료비 세제 지원' 포함
- 반려동물 의료비 소득공제 40% 법안 발의
- 반려동물 진료비 부가세 면세 법안 대표발의

  올해 3월 9일 제20대 대통령 선거가 열렸습니다. 윤석열 대통령을 비롯한 주요 후보가 '표준수가제 도입' 등 반려동물 진료비 문제를 동물공약 전면에 내세웠습니다. 윤석열 정부 출범 이후에는 세제지원(소득공제, 부가세 면세)으로 동물진료비 부담을 낮추는 방안이 추진되고 있습니다.

- 한국수의전문의 제도 본격화
- 정식 시험 거친 한국수의내과전문의 첫 탄생
- 수의영상의학전문의협의회, 신임 교수진에 디팩토 자격 부여
- 2030 수의사 · 수의대생 79% '전문의 제도 도입해야'

  올해 10월 정식 시험을 거친 4명의 한국수의내과전문의(DKCVIM)가 처음 배출됐습니다. 한국수의외과전문의, 한국수의영상의학전문의, 한국수의안과인증의 등 다른 분야의 전문의 · 인증의 제도도 한 단계씩 진행되고 있습니다. 20~30대 수의사 및 수의대생 79.1%가 응답자가 국가 차원의 수의사 전문의 제도(전문수의사 제도)에 찬성한다는 설문조사 결과도 나왔습니다.

- 이리온 청담점 폐업… 코앞까지 다가온 영리법인 유예기간 종료
- 이리온 동물병원 청담점 폐업… 국내 수의계에 미친 영향은?

  영리법인 동물병원 개설제한 수의사법 개정의 촉발제가 됐던 이리온 동물병원이 역사의 뒤안길로 사라졌습니다. 이리온이 '폐업'을 결정하면서, 남아 있는 영리법인 동물병원들의 선택에도 관심이 쏠리고 있습니다. 영리법인 동물병원 유예기간은 2023년 7월 30일까지입니다.

- 진료비 게시, 사전고지, 공시… 이름도 헷갈리는 진료비 규제 대거 시행
- 사전설명 · 서면동의 2022년 7월 5일 시행… 동의서 양식은?
- 동물진료비 게시제 시행 D-7, 게시 항목과 게시 방법은?
- 2023년 상반기 전국 4900개 동물병원 진료비 조사해 농식품부 홈피에 공개

수술 등 중대 진료에 관한 사전설명 · 서면동의, 주요 진료비 게시 등을 골자로 한 수의사법 개정안이 2022년 1월 4일 공포됐습니다. 이에 따라 2022년 7월 5일 중대진료행위(전신마취를 동반한 수술, 전신마취를 동반한 수혈)에 대한 사전설명 · 서면동의 제도가 시행됐으며, 내년 1월 5일부터 진료비 사전게시와 중대 진료 예상진료비 사전고지제가 시행됩니다. 동물진료비에 대한 조사 · 공개(공시제)도 시행되는데요. 정부는 전국 동물병원 진료비를 조사해 농식품부 홈페이지에 공개하겠다는 입장입니다.

- 부산대 수의대 신설 논란
- '수의대 신설 포기하지 않았다' 부산대, 교육부에 설립요청서 제출
- '부산대 수의대 신설 시도 즉각 중단하라' 범수의계 합동 성명
- 수의사 · 수의대생 1,500명 국회 앞에 모여 "부산대 수의대 신설 반대"

부산대학교가 2022년 10월 27일 교육부에 수의과대학 설립요청서를 공식 제출했습니다. 수의계 전체는 부산대의 수의대 신설 추진 근거가 부족하다며 수의대 설립을 대대적으로 반대하고 있습니다.

국회에서 부산대가 주최한 수의대 설립 정책토론회가 열린 시각, 국회 앞에서는 '부산대 수의대 신설 저지 및 동물진료권 확보 전국 수의사 결의대회'가 진행됐습니다. 부산대 수의대 신설 논란은 현재진행형입니다.

수의과대학 추천 도서

수의과대학 진로 진학 설계를 위한 독서 분야는 생명과학, 화학, 수학이 큰 줄기며, 생명과학 교과목이 특히 중요하다. 그렇다고 대학 전공 수준의 어려운 책을 읽으라는 뜻이 결코 아니다. 자신의 수준에 맞는 책으로 시작해서 호기심을 점점 연계해나가라는 말이다.

수의과대학 추천도서는 수의과대학의 '학과 홈페이지'나 '학과 가이드북'에 자세히 안내가 돼 있다. 수의과대학에 대한 전반적인 내용을 소개하는 책을 한두 권 읽는 것도 도움이 된다. 수의사에 대한 장밋빛 비전만을 좇기보다는 자신만의 장점과 소명의식을 갖춘 슈퍼비전이 있다면 금상첨화다.

2017년부터 학교생활기록부 '독서활동상황'란에는 읽은 책의 제목과 저자만 적기 때문에 독서가 약화됐다는 의견이 많았다. 아쉽긴 하지만 독서 역량은 학교생활기록부 다른 영역과 자기소개서[1], 면접에도 드러나기 마련이다. 평가자는 지원자의 독서 역량을 통해 학업 역량, 공동체 역량, 진로 역량을 들여다보기 때문에 매우 중요한 영역이다. 독서는 교과수업과 연계하는 것이 기본이다. 교과시간에 생긴 호기심을 독서를 통해 심화된 학습경험으로 연계하는 방식이다. 학생이 제대로 독서활동을 수행했다면 의미 있는 기록이 될 수 있다. 학년별로 도서의 위계를 맞춰가면서 진로와 연계한 독서활동은 학생부종합전형에 큰 도움이 된다. 학년별로 열 권 이상의 책읽기를 권하고 싶다.

독서활동상황의 평가는 첫째, 스스로 도서를 선별하여 읽었는지를 평가한다. 예컨대 세계사 시간에 몽골에 대해서 배운 후 몽골 역사를 알아보고자 책을 찾아서 읽었다면, '자기주도적 도서선별능력'이 우수한 것이다. 둘째, '도서 위계수준'도 독서 역량 중 하나다. 1학년 때 읽어야 할 책을 3학년 때 읽고, 3학년 때 읽어야 할 책을 1학년 때 읽었다면 위계수준이 안 맞은 독서를 한 것이다. 『하리하라의 생물학 카페』를 읽은 후 생물학과로 진로

---

1   고등교육법에 의해 설치된 일반대학은 2024학년도 대입부터 자기소개서를 전형요소로 반영하지 않는다.

를 결정한 후 『Campbell의 Biology』를 통해 호기심과 역량을 확장하는 책읽기를 했다면 도서 위계를 지킨 것이다. 셋째, 4차 산업혁명·AI시대 미래인재의 핵심역량은 협업이다. 협업의 전제 조건은 자신의 전공뿐 아니라 파트너의 전공에 대한 이해가 파트너십의 시작이다. 전공에 대한 깊이 있는 독서도 중요하지만, 인문학적 상상력을 펼칠 수 있는 '창의 융합적인 독서 경험'이 중요한 이유다.

독서활동은 특정 주제에 대한 지속적인 관심을 드러내는 것이 좋다. 2024학년도 대입 (졸업생 포함)부터 상급학교 진학 시 '독서활동상황'이 미반영되기 때문에, 읽었던 기록을 꼭 독서기록장에 내용과 느낀 점을 기록해두면 자기소개서와 면접 준비할 때 유용하다. 교과수업 내용과 연계한 독서활동이 '교과 세부능력 및 특기사항'에 기재되면, 입학사정 관이 지원자의 학업 역량과 진로 역량을 파악하는 데 용이하다.

또한, 진로와 연계한 인물, 사상, 주제, 쟁점 등을 비교·대조한 독서 관련 심화주제 탐구활동을 학교생활기록부 자율활동, 동아리활동, 진로활동, 개인별 세부능력 및 특기 사항에 기재하면 좋다. 예컨대, 리처드 도킨스의 『이기적 유전자』를 읽고 연계해서 『확장 된 표현형』을 비교해 읽을 수도 있고, 마이클 샌델의 『공정하다는 착각』을 읽고, 연계해서 『정의란 무엇인가는 틀렸다』를 대조해 읽을 수 있다. 수의과대학은 합격선과 경쟁률이 매 우 높은 의학계열인 만큼 '논문, 저널, 잡지, 기사' 등 다양한 정보원을 활용하여 심화주제 탐구활동을 수행할 것을 추천한다. 참고로 논문을 고등학생이 쓸 수는 없지만 레퍼런스 즉, 참조는 할 수 있다는 점 유의하자.

2024학년도 대입(졸업생 포함)부터 상급학교 진학 시 '독서활동상황'은 제공되지 않는 다. 일부 대학에서는 학생들이 독서활동상황에 베스트셀러와 흔한 책만 기록하는 것을 지적하지만, 베스트셀러를 읽는 학생이 베스트셀러마저 읽지 않는 학생보다 낫다는 평범 한 사실을 알았으면 한다. 대학에서 독서를 소홀히 여기는 것은 난센스다. 또한 교육부가 독서활동을 강화하기는커녕 2024학년도 독서활동을 대입자료로 반영하지 않는 것은 시 대착오적 발상이다. 사교육유발효과를 막기 위한 고육책이라고 하나 빈대 잡으려다 독서 교육을 잃은 격이다.

대입자료로 미제공되기 때문에 왕성한 독서활동 동기가 한풀 꺾인 건 사실이지만, 2024학년도 대입 이후에도 독서활동의 도서명과 내용을 '교과세특, 창의적 체험활동'에 입력할 수 있다는 점을 절대 놓쳐서는 안 된다. 독서 기록 학생부 항목이 미반영(미제공) 될 뿐이지 풍선효과처럼 학교생활기록부 다른 항목에 녹아 들어가 예전보다 더 눈에 띄 는 기록이 될 것이다.

조선시대에는 인재를 양성하기 위해 젊은 문신들에게 휴가를 주어 책을 읽게 했던 '사가독서(賜暇讀書)'제도가 있었다. 중국 송나라의 구양수는 글쓰기를 잘하기 위해선 삼다(三多), 즉 다독(多讀), 다작(多作), 다상량(多商量)이 필요하다고 했다. 많이 읽고, 많이 쓰고, 많이 생각하라는 뜻이다. 미국 시카고대학은 2학년 때까지 인문학 고전 100권을 읽어야 하는 시카고 플랜으로 유명하다.

AI와 경쟁해야 하는 시대, 우리의 무기는 사고력, 창의력이다. 그 자양분은 독서다. 인간은 독서를 통해 닿을 수 없을 것 같은 우리의 깊은 내면에 도달하기 때문이다. 그렇다면, 제도적으로라도 책읽기를 유도하는 것이 뭐가 그리 문제인지 되묻고 싶다.

● 학생부 독서활동 기재 변화

학생부 항목	2017학년도 ~ 2023학년도	2024학년도 이후
독서활동상황	도서명과 저자	미반영(미제공)

● 서울대 '아로리' 수의과대학 추천 도서

• 인문대학 새내기 H의 서재 중에서 발췌

－『죽음의 밥상』, 피터 싱어, 짐 메이슨

생활과 윤리 과목을 공부하면서 인간과 비인간 동물의 이익을 평등하게 고려할 것을 주장한 싱어의 실천 윤리학에 마음이 움직였습니다. 현대 공장식 축산업의 잔혹성을 폭로한 이 책을 읽고, '불완전한 실천도 의미가 있다'는 대목에 용기를 얻어 비거니즘에도 관심을 가졌습니다. 1학년 국어 시간에 「신의 방」을 배운 뒤 작품이 지향하는 생태적 순환의 논리를 비판하는 보고서를 작성한 적이 있었습니다. 시에 드러난 전체론적 자연관이 동물을 도살하고 착취하는 인간의 폭력성을 은폐한다고 생각했기 때문입니다. 그에 반해 이 책은 환경 문제와 비인간 동물의 고통을 동시에 고려하고 있다고 느꼈습니다. 생태적 차원에서의 조화와 개별 생명체의 권리를 모두 중시하는 지속 가능한 생활 양식을 스스로 정립하게 해준 책입니다.

연번	도서명	저자	출판사
1	수의사라서 행복한 수의사	김희진	토크쇼
2	수의사가 말하는 수의사	이학범	부키
3	동물해방	피터 싱어	연암서가
4	죽음의 밥상	피터 싱어, 짐 메이슨	산책자
5	동물농장	조지 오웰	민음사
6	동물을 돌보고 연구합니다	장구	김영사
7	인류 역사를 바꾼 동물과 수의학	임동주	마야
8	탐욕의 울타리	박병상	이상북스
9	살아있는 것들의 눈빛은 아름답다	박종무	리수
10	도시에서 죽는다는 것	김형숙	뜨인돌
11	인수공통 모든 전염병의 열쇠	데이비드 콰먼	꿈꿀자유
12	완벽한 보건의료제도를 찾아서	마크 브릿넬	청년의사
13	미리 가보는 수의학 교실	충북대학교 수의학교재편찬위원회	충북대학교 출판부
14	알이 닭을 낳는다	최재천	도요새
15	최재천의 인간과 동물	최재천	궁리출판
16	생명이 있는 것은 다 아름답다	최재천	효형출판
17	숲속 수의사의 자연일기	다케타즈 미노루	진선출판사
18	의사와 수의사가 만나다	바버라 내터슨-호러위츠, 캐스린 바워스	모멘토
19	동물들의 인간 심판	호세 안토니오 하우레기, 에두아르도 하우레기	책공장 더불어
20	우리는 왜 개는 사랑하고 돼지는 먹고 소는 신을까	멜라니 조이	모멘토
21	음식 문화의 수수께끼	마빈 해리스	한길사
22	돼지가 사는 공장: 공장식 축산업 너머의 삶과 좋은 먹거리를 찾아서	니콜렛 한 니먼	수이북스
23	침묵의 봄	레이첼 카슨	에코리브르
24	생명을 묻다	정우현	이른비
25	이 세상의 모든 크고 작은 생물들	제임스 헤리엇	아시아
26	동물원에서 프렌치 키스하기	최종욱	반비

연번	도서명	저자	출판사
1	HIGH TOP 하이탑 고등학교 생명과학1, 2	배미정, 손희도, 나광석, 오현선 등저	동아출판
2	캠벨 생명과학	닐 캠벨	(주)바이오사이언스출판
3	캠벨 생명과학 포커스	Lisa A. Urry 등저	(주)바이오사이언스출판
4	생활 속의 생명과학	콜린 벨크, 버지니아 보든 마이어	(주)바이오사이언스출판
5	생물학 이야기	김웅진	행성B이오스
6	하리하라의 생물학 카페	이은희	궁리
7	텔로미어	마이클 포셀 등저	쌤앤파커스
8	이것이 생명과학이다	에른스트 마이어	바다출판사
9	MT 생명공학	최강열	청어람(장서가)
10	자산어보	정약전, 이청	서해문집
11	아주 특별한 생물학 수업	장수철, 이재성	휴머니스트
12	호모 심비우스: 이기적인 인간은 살아남을 수 있는가?	최재천	이음
13	생명의 떠오름: 세포는 어떻게 생명이 되는가?	존 메이너드 스미스	이음
14	생명과학 교과서는 살아있다	유영제, 김은기 등저	동아시아
15	이기적 유전자	리처드 도킨스	을유문화사
16	확장된 표현형	리처드 도킨스	을유문화사
17	이타적 유전자	매트 리들리	사이언스북스
18	이타적 인간의 출현	최정규	뿌리와이파리
19	생물과 무생물 사이	후쿠오카 신이치	은행나무
20	동적 평형	후쿠오카 신이치	은행나무
21	모자란 남자들	후쿠오카 신이치	은행나무
22	나누고 쪼개도 알 수 없는 세상	후쿠오카 신이치	은행나무

23	마이크로코스모스	린 마굴리스	김영사
24	공생자 행성	린 마굴리스	사이언스북스
25	풀하우스	스티븐 제이 굴드	사이언스북스
26	플라밍고의 미소	스티븐 제이 굴드	현암사
27	눈의 탄생	앤드루 파커	뿌리와 이파리
28	라마찬드란 박사의 두뇌 실험실	V.S. 라마찬드란	바다출판사
29	종의 기원	찰스 로버트 다윈, 장대익 역	사이언스북스
30	다윈 지능	최재천	사이언스북스

연번	도서명	저자	출판사
1	HIGH TOP 하이탑 고등학교 화학1, 2	김봉래, 강응규, 전호균 등저	동아출판
2	줌달의 일반화학	줌달(Steven S. Zumdahl)	센게이지러닝(Cengage Learning)
3	줌달의 대학 기초화학	줌달(Steven S. Zumdahl)	사이플러스
4	멘델레예프의 영재들을 위한 화학 강의	강성주, 백성혜 등저	이치사이언스
5	화학으로 이루어진 세상	K. 메데페셀헤르만, F. 하머어, H-J. 크바드베크제거	에코르브르
6	화학 교과서는 살아있다	문상흡, 박태현 등저	동아시아
7	화학, 알아두면 사는 데 도움이 됩니다	씨에지에양	지식너머
8	화학에서 인생을 배우다	황영애	더숲
9	미술관에 간 화학자	전창림	어바웃어북
10	재밌어서 밤새 읽는 화학이야기	사마키 다케오	더숲
11	역사를 바꾼 17가지 화학이야기 1, 2	제이 버레슨, 페니 카메론 르 쿠터	사이언스북스
12	가볍게 읽는 유기화학	사이토 가츠히로	북스힐
13	가볍게 읽는 기초화학	사마키 다케오, 테라다 미츠히오, 야마다 요이치 등저	북스힐
14	사라진 스푼	샘 킨	해나무
15	크레이지 호르몬	랜디 허터 엡스타인	동녘사이언스
16	같기도 하고 아니 같기도 하고	로얼드 호프만	까치
17	MT 화학	이익모	청어람(장서가)

4 물리학 추천 도서

연번	도서명	저자	출판사
1	엔트로피	제레미 리프킨	세종연구원
2	물리학이란 무엇인가	도모나가 신이치로	사이언스북스
3	파인만의 여섯가지 물리 이야기	리처드 파인만	송산
4	최무영 교수의 물리학 강의	최무영	책갈피
5	물리의 언어로 세상을 읽다	로빈 애리앤로드	해냄
6	1,2,3 그리고 무한	조지 가모프	김영사
7	미지의 세계로의 여행 톰킨스 씨의 물리학적 모험	조지 가모프	전파과학사
8	작은 우주, 아톰	아이작 아시모프	열린책들
9	불멸의 원자 필멸의 물리학자가 좇는 불멸의 꿈	이강영	사이언스 북스
10	HIGH TOP 하이탑 고등학교 물리학1, 2	김성진, 김대규, 김은경, 강태욱 공저	동아출판
11	MT 물리학	이기진	청어람(장서가)
12	빛나는 지단쌤 임대환의 한눈에 사로잡는 물리 고전역학 – 시공간	임대환	들녘
13	빛나는 지단쌤 임대환의 한눈에 사로잡는 물리 전자기학 – 빛	임대환	들녘

5 인문·융합·천문학·과학철학 추천 도서

연번	도서명	저자	출판사
1	숲의 즐거움	우석영	에이도스
2	월든	헨리 데이비드 소로우	은행나무
3	열두 발자국	정재승	어크로스
4	정재승의 과학콘서트	정새승	어크로스
5	침묵의 봄	레이첼 카슨	에코리브르
6	푸른 요정을 찾아서	신상규	프로네시스
7	사피엔스	유발 하라리	김영사
8	밤으로의 긴 여로	유진 글래드스톤 오닐	민음사
9	과학쌈지(진정일 교수가 풀어놓은)	진정일	궁리
10	총, 균, 쇠	재레드 다이아몬드	문학사상
11	하리하라의 청소년을 위한 의학이야기	이은희	살림Friends
12	통섭	에드워드 윌슨	사이언스북스
13	통섭의 식탁	최재천	움직이는 서재
14	다윈의 식탁	장대익	바다출판사
15	가이아	제임스 러브록	갈라파고스
16	우주의 기원 빅뱅	사이먼 싱	영림 카디널
17	코스모스	칼 세이건	사이언스 북스
18	과학에는 뭔가 특별한 것이 있다	장대익	김영사
19	과학은 논쟁이다	이강영, 홍성욱 외 6인	반니
20	축적의 길	이정동	지식 노마드
21	축적의 시간	서울대학교 공과대학	지식 노마드
22	구글 신은 모든 것을 알고 있다	정하웅, 김동섭, 이해웅	사이언스 북스
23	한 번이라도 모든 걸 걸어본 적 있는가	전성민	센시오
24	문과 남자의 과학공부	유시민	돌베개
25	만들어진 신	리처드 도킨스	김영사

수의과대학 진로 진학 특강

6 | 과학 고전 소설 추천 도서

연번	도서명	저자	출판사
1	유년기의 끝	아서 C. 클라크	시공사
2	라마와의 랑데뷰	아서 C. 클라크	아작
3	2001 스페이스 오디세이	아서 C. 클라크	황금가지
4	신의 망치	아서 C. 클라크	아작
5	아서 클라크 단편전집 1950~1953	아서 C. 클라크	황금가지
6	아서 클라크 단편전집 1953~1960	아서 C. 클라크	황금가지
7	아서 클라크 단편전집 1960~1999	아서 C. 클라크	황금가지
8	파운데이션	아이작 아시모프	황금가지
9	파운데이션과 제국	아이작 아시모프	황금가지
10	제2파운데이션	아이작 아시모프	황금가지
11	파운데이션의 끝	아이작 아시모프	황금가지
12	파운데이션과 지구	아이작 아시모프	황금가지
13	파운데이션의 서막	아이작 아시모프	황금가지
14	파운데이션을 향하여	아이작 아시모프	황금가지
15	우주복 있음, 출장 가능	로버트 A. 하인라인	아작
16	여름으로 가는 문	로버트 A. 하인라인	시공사
17	하인라인 판타지	로버트 A. 하인라인	시공사
18	낯선땅 이방인	로버트 A. 하인라인	시공사
19	프라이데이	로버트 A. 하인라인	시공사
20	더블스타	로버트 A. 하인라인	시공사
21	해저 2만리	쥘 베른	작가정신
22	신비의섬 1권, 2권, 3권	쥘 베른	열림원

단과대학	2022			2021		
	1위	2위	(공동) 3위	1위	2위	3위
인문대학	데미안	선량한 차별주의자	1984	사피엔스	정의란 무엇인가	데미안
사회과학대학	공정하다는 착각	팩트풀니스	선량한 차별주의자	정의란 무엇인가	왜 세계의 절반은 굶주리는가	아픔이 길이 되려면
자연과학대학	침묵의 봄	부분과 전체	페르마의 마지막 정리	이기적 유전자	부분과 전체	침묵의 봄
간호대학	아픔이 길이 되려면	페스트	아내를 모자로 착각한 남자	나는 간호사, 사람입니다	페스트	이기적 유전자
경영대학	넛지	파타고니아, 파도가 칠 때는 서핑을	팩트풀니스	돈으로 살 수 없는 것들	넛지	경영학 콘서트
공과대학	엔트로피	부분과 전체	공학이란 무엇인가?/침묵의 봄	엔트로피	공학이란 무엇인가	침묵의 봄
농업생명과학대학	침묵의 봄	왜 세계의 절반은 굶주리는가	멋진 신세계/이기적 유전자	침묵의 봄	왜 세계의 절반은 굶주리는가	이기적 유전자
미술대학	변신	디자인 인문학	인간을 위한 디자인	디자인의 디자인	이것은 미술이 아니다	멋진 신세계
사범대학	죽은 시인의 사회	평균의 종말	수레바퀴 아래서	죽은 시인의 사회	에밀	수레바퀴 아래서
생활과학대학	이상한 정상 가족	넛지	돈으로 살 수 없는 것들	왜 세계의 절반은 굶주리는가	돈으로 살 수 없는 것들	이상한 정상가족

수의과대학	의사와 수의사가 만나다	인수공통 모든 전염병의 열쇠	동물해방	의사와 수의사가 만나다	인수공통 모든 전염병의 열쇠	수의사가 말하는 수의사
약학대학	새로운 약은 어떻게 창조되나	신약의 탄생	위대하고 위험한 약 이야기			
음악대학	하노버에서 온 음악 편지	젊은 음악가를 위한 슈만의 조언	미움받을 용기	하노버에서 온 음악편지	미움받을 용기	자존감 수업
의과대학	숨결이 바람될 때	아내를 모자로 착각한 남자	아픔이 길이 되려면	숨결이 바람될 때	아내를 모자로 착각한 남자	아픔이 길이 되려면
자유전공학부	팩트풀니스	데미안	1984	정의란 무엇인가	팩트풀니스	왜 세계의 절반은 굶주리는가
치의학대학원	입속에서 시작하는 미생물 이야기	치과의사가 말하는 치과의사	아픔이 길이 되려면/ 치과의사는 입만 진료하지 않는다	치과의사가 말하는 치과의사	입속에서 시작하는 미생물 이야기	치과의사는 입만 치료하지 않는다

단과대학	2020			2019		
	1위	2위	3위	1위	2위	3위
인문대학	1984	왜 세계의 절반은 굶주리는가	데미안	데미안	1984	정의란 무엇인가
사회과학대학	왜 세계의 절반은 굶주리는가	정의란 무엇인가	나쁜 사마리아인들	왜 세계의 절반은 굶주리는가	정의란 무엇인가	넛지
자연과학대학	부분과 전체	페르마의 마지막 정리	침묵의 봄	부분과 전체	이기적 유전자	침묵의 봄
간호대학	나는 간호사, 사람입니다	간호사가 말하는 간호사	아픔이 길이 되려면	나는 간호사, 사람입니다	간호사가 말하는 간호사	미스터, 나이팅게일
경영대학	넛지	왜 세계의 절반은 굶주리는가	경영학 콘서트	넛지	경영학 콘서트	죽은 경제학자의 살아있는 아이디어
공과대학	엔트로피	부분과 전체	공학이란 무엇인가	공학이란 무엇인가	엔트로피	미움받을 용기
농업생명과학 대학	침묵의 봄	왜 세계의 절반은 굶주리는가	이기적 유전자	침묵의 봄	왜 세계의 절반은 굶주리는가	이기적 유전자
미술대학	데미안	디자인의 디자인	이것은 미술이 아니다	생각의 탄생	디자인의 디자인	데미안
사범대학	죽은 시인의 사회	수레바퀴 아래서	평균의 종말	죽은 시인의 사회	에밀	수레바퀴 아래서
생활과학대학	돈으로 살 수 없는 것들	딥스	이상한 정상가족	이상한 정상가족	왜 세계의 절반은 굶주리는가	넛지

수의과대학	의사와 수의사가 만나다	수의사가 말하는 수의사	인수공통 모든 전염병의 열쇠	수의사가 말하는 수의사	의사와 수의사가 만나다	동물 해방
음악대학	하노버에서 온 음악 편지	미움받을 용기	죽은 시인의 사회	미움받을 용기	하노버에서 온 음악 편지	국악은 젊다
의과대학	숨결이 바람될 때	의사와 수의사가 만나다	아픔이 길이 되려면	숨결이 바람될 때	의사와 수의사가 만나다	수의사가 말하는 수의사
자유전공학부	정의란 무엇인가	자유론	미움받을 용기	정의란 무엇인가	사피엔스	이기적 유전자
치의학대학원	치과의사가 말하는 치과의사	입속에서 시작하는 미생물 이야기	치과의사는 입만 치료하지 않는다	치과의사가 말하는 치과의사	의학, 인문으로 치료하다	내 입속에 사는 미생물

단과대학	2018			2017		
	1위	2위	3위	1위	2위	3위
인문대학	사피엔스	미움받을 용기	1984	역사란 무엇인가	논어	정의란 무엇인가
사회과학대학	왜 세계의 절반은 굶주리는가	정의란 무엇인가	1984	왜 세계의 절반은 굶주리는가	정의란 무엇인가	미움받을 용기
자연과학대학	이기전 유전자	코스모스	페르마의 마지막 정리	페르마의 마지막 정리	이기적 유전자	미움받을 용기
간호대학	간호사라서 다행이야	간호사가 말하는 간호사	사람의 돌봄은 기적을 만든다	간호사가 말하는 간호사	시골의사의 아름다운 동행	간호사 너 자신이 되어라
경영대학	돈으로 살 수 없는 것들	넛지	경영학 콘서트	경영학 콘서트	돈으로 살 수 없는 것들	미움받을 용기
공과대학	엔트로피	미움받을 용기	로봇 다빈치 꿈을 설계하다	엔트로피	공학이란 무엇인가	왜 세계의 절반은 굶주리는가
농업생명과학대학	왜 세계의 절반은 굶주리는가	이기전 유전자	침묵의 봄	이기적 유전자	왜 세계의 절반은 굶주리는가	침묵의 봄
미술대학	데미안	미움받을 용기	디자인의 디자인	나는 3D다	광고천재 이제석	연금술사
사범대학	죽은 시인의 사회	에밀	수레바퀴 아래서	죽은 시인의 사회	에밀	수레바퀴 아래서
생활과학대학	왜 세계의 절반은 굶주리는가	미움받을 용기	오래된 미래	트렌드 코리아 2016	돈으로 살 수 없는 것들	소비의 사회

수의과대학	수의사가 말하는 수의사	이기적 유전자	의사와 수의사가 말하다	수의사가 말하는 수의사	생명이 있는 것은 다 아름답다	동물해방
음악대학	미움받을 용기	하노버에서 온 음악 편지	자존감 수업	나는 내일을 기다리지 않는다	미움받을 용기	연금술사
의과대학	숨결이 바람 될 때	나는 고백한다 현대 의학을	미움받을 용기	닥터스 씽킹	아내를 모자로 착각한 남자	이기적 유전자
자유전공학부	정의란 무엇인가	왜 세계의 절반은 굶주리는가	1984	정의란 무엇인가	미움받을 용기	돈으로 살 수 없는 것들
치의학대학원	치과의사가 말하는 치과의사	숨결이 바람 될 때	미움받을 용기	치과의사가 말하는 치과의사	닥터스 씽킹	이중나선

단과대학	2016			2014		
	1위	2위	3위	1위	2위	3위
인문대학	데미안	역사란 무엇인가	1984	정의란 무엇인가	역사란 무엇인가	왜 세계의 절반은 굶주리는가
사회과학대학	왜 세계의 절반은 굶주리는가	정의란 무엇인가	돈으로 살 수 없는 것들	왜 세계의 절반은 굶주리는가	정의란 무엇인가	군주론
자연과학대학	이기적 유전자	페르마의 마지막 정리	코스모스	페르마의 마지막 정리	이기적 유전자	정의란 무엇인다
간호대학	간호사가 말하는 간호사	왜 세계의 절반은 굶주리는가	사랑의 돌봄은 기적을 만든다	간호사가 말하는 간호사	시골의사의 아름다운 동행	바보처럼 공부하고 천재처럼 꿈꿔라
경영대학	경영학 콘서트	왜 세계의 절반은 굶주리는가	1984	경영학 콘서트	정의란 무엇인가	어떻게 원하는 것을 얻는가
공과대학	엔트로피	공학이란 무엇인가	페르마의 마지막 정리	페르마의 마지막 정리	엔트로피	아프니까 청춘이다
농업생명과학 대학	왜 세계의 절반은 굶주리는가	이기적 유전자	이중나선	이기적 유전자	왜 세계의 절반은 굶주리는가	침묵의 봄
미술대학	데미안	달과6펜스	생각의 탄생	광고천재 이제석	연금술사	변신
사범대학	에밀	죽은 시인의 사회	왜 세계의 절반은 굶주리는가	죽은 시인의 사회	아프니까 청춘이다	교사와 학생 사이
생활과학대학	트렌드 코리아	왜 세계의 절반은 굶주리는가	돈으로 살 수 없는 것들	왜 세계의 절반은 굶주리는가	아프니까 청춘이다	꿈꾸는 다락방

수의과대학	수의사가 말하는 수의사	이기적 유전자	동물원에서 프렌치 키스하기	수의사가 말하는 수의사	이기적 유전자	생명이 있는 것은 다 아름답다
음악대학	아프니까 청춘이다	나는 내일을 기다리지 않는다	바보처럼 공부하고 천재처럼 꿈꿔라	아프니까 청춘이다	꿈꾸는 다락방	나는 내일을 기다리지 않는다
의과대학	닥터스 씽킹	이기적 유전자	명의	이기적 유전자	시골의사의 아름다운 동행	닥터스 씽킹
자유전공학부	왜 세계의 절반은 굶주리는가	데미안	정의란 무엇인가	아프니까 청춘이다	이기적 유전자	정의란 무엇인가
치의학대학원	치과의사가 말하는 치과의사	닥터스 씽킹	왜 세계의 절반은 굶주리는가	시골의사의 아름다운 동행	이기적 유전자	이중나선

논문 키워드	논문 제목	저자	간행물명	발행 연도
동물실험	동물 실험 옹호 논증의 논리적 분석	최훈	철학탐구	2014
동물윤리	동물 윤리의 도덕적 접근법	정결	철학논총	2021
동물권	동물권 옹호론과 영장류 실험에 대한 윤리적 검토	추정완 최경석 권복규	생명윤리	2010
동물권	동물권(動物權) 논쟁(論爭)	유선봉	중앙법학	2015
동물봅	「동물보호법」의 입법적 평가와 향후 과제	함태성	공법학연구	2020
동물보호법	우리나라 동물학대의 대응 및 한계 그리고 개선방안	박만평	법학연구	2017
동물복지	생명존중문화를 위한 국내 동물실험윤리의 한계와 전망	박창길	한국실험동물학회 학술발표대회 논문집	2016
동물복지	우리나라 동물복지축산의 현황과 법적 과제	박종원	환경법과 정책	2017
동물실험	동물실험과 심의	김명식	철학	2009
동물실험	동물실험은 윤리적으로 옹호 가능한가?	최훈	한국실험동물학회 학술발표대회 논문집	2016
동물원법	동물원법 입법과정에서 이해당사자간 상호작용과 협상	강성구	환경정책	2017
동물의 법적 지위	동물의 법적 지위에 관한 연구	박정기	법학연구	2011
동물의료	반려동물 의료체계의 문제점 및 제도개선 방안	박주연	환경법과 정책	2017

CHAPTER 03 교육과정

1 건국대학교 입학 전 진단평가 및 연계교과목

단과대학	학과(부)	평가 과목					총합계
		물리학	생명과학	화학	미적분	확률과통계	
KU 융합과학기술원	스마트운행체공학과	○			○		2
	융합생명공학과		○	○			2
	화장품공학과			○	○		2
	미래에너지공학과	○		○	○		3
건축대학	건축학부	○			○		2
공과대학	산업공학과				○		1
	신산업융합학과				○		1
	전기전자공학부	○			○		2
	컴퓨터공학부				○	○	2
	기계항공공학부	○		○	○		3
	사회환경공학부	○		○	○		3
	화학공학부	○		○	○		3
사회과학대학	응용통계학과					○	1
경영대학	경영학과				○	○	2
	기술경영학과				○	○	2
상허생명과학대학	생명과학특성학과		○				1
	식품유통공학과		○	○	○		3
	축산식품생명공학과		○	○	○	○	4

수의과대학	수의예과		○	○			**2**
이과대학	물리학과	○					1
	수학과				○		1
	화학과			○	–		1
총합계		8	5	10	16	5	44

- 핵심권장과목 : 학과(부)에서 공부하기 위해 필수적으로 이수를 권장하는 과목
- 권장과목 : 학과(부)에서 공부하기 위해 이수를 권장하는 과목
- 권장과목을 제시하지 않은 모집단위는 학생의 진로 · 적성 따른 적극적인 선택과목 이수를 권장함

모집단위		핵심권장과목	권장과목
인문대학	전학과	–	–
사회과학 대학	경제학부	–	• 미적분, 확률과 통계
	기타학과	–	–
자연과학 대학	수리과학부 통계학과	미적분, 확률과 통계, 기하	–
	물리천문학(물리학)	물리학Ⅱ, 미적분, 기하	확률과 통계
	물리천문학(천문학)	지구과학Ⅰ, 미적분, 기하	지구과학Ⅱ, 물리학Ⅱ, 확률과 통계
	화학부	화학Ⅱ, 미적분	확률과 통계, 기하
	생명과학부	생명과학Ⅱ, 미적분	화학Ⅱ, 확률과 통계, 기하
	지구환경과학부	물리학Ⅱ 또는 화학Ⅱ 또는 지구과학Ⅱ, 미적분	확률과 통계, 기하
간호대학		–	생명과학Ⅰ, 생명과학Ⅱ
경영대학		–	–
공과대학	광역	미적분, 확률과 통계	기하
	건설환경	미적분, 기하	확률과 통계
	기계공학부 에너지자원공학과 조선해양공학과	물리학Ⅱ, 미적분, 기하	확률과 통계
	재료공학부	미적분, 기하	물리학Ⅱ, 화학Ⅱ, 확률과 통계
	전기.정보공학부	물리학Ⅱ, 미적분	확률과 통계, 기하
	컴퓨터공학부	미적분, 확률과 통계	–

대학	학과/학부		
공과대학	화학생물공학부	물리학II, 미적분, 기하	화학II 또는 생명과학II
	건축학과	–	미적분
	산업공학과	미적분	확률과 통계
	원자핵공학과	물리학II, 미적분	–
	항공우주공학과	물리학II, 미적분, 기하	지구과학II, 확률과 통계
농업생명 과학대학	농경제사회학부	–	미적분, 확률과 통계
	식물생산과학부	생명과학II	화학II, 미적분, 확률과 통계, 기하
	식품·동물생명공학부	화학II, 생명과학II	–
	응용생물화학부	화학II, 생명과학II	미적분, 확률과 통계, 기하
	조경·지역시스템공학부	미적분, 기하	물리학II, 확률과 통계
	바이오시스템·소재학부	미적분, 기하	물리학II 또는 화학II
사범대학	지리교육과		한국지리, 세계지리, 여행지리
	수학교육과	미적분, 확률과 통계, 기하	–
	물리교육과	물리학II	미적분, 확률과 통계, 기하
	화학교육과	화학II	미적분, 확률과 통계, 기하
	생물교육과	생명과학II	화학II, 미적분, 확률과 통계
	지구과학교육과	지구과학I	지구과학II, 미적분, 확률과 통계, 기하
생활과학 대학	식품영양학과	화학II, 생명과학II	–
	의류학과	–	화학II, 생명과학II 또는 확률과 통계
수의과학대	**수의예과**	**생명과학II**	**미적분, 확률과 통계**
약학대학	약학계열	화학II, 생명과학II	미적분, 확률과 통계
의과대학	의예과	생명과학I	생명과학II, 미적분, 확률과 통계, 기하

• '강원대학교 2024 학생부종합전형 안내'에서 발췌

인재상	• 다양한 동물의 질병을 예방 치료하고 생명의 가치를 소중히 하며, 생명 현상에 깊은 관심을 가지고 과학정인 이해를 추구하는 학생 • 공중보건과 방역의 중요성을 이해하고 동물-사람-환경의 건강이 하나라는 인식을 공유하고 발전시켜 나가는 데 관심이 있는 학생
이런 역량이 필요해요	• 생명 현상을 이해하고 탐구하며, 원헬스(One health)의 가치를 추구하고자 하는 의지 • 미래 사회가 요구하는 다양한 수의사의 역할을 이해하고 전문성을 갖춘 수의사가 되고자 하는 자세 • 기초수의학/예방수의학/임상수의학의 전공 분야 지식을 학습하고, 동물의 건강과 질병 치료에 응용할 수 있는 역량
전공 연계 교과 권장 과목	• 교과군 : 수학, 영어, 과학 • 과목 : 확률과 통계, 영어 독해와 작문, 생명과학 I
이런 활동이 좋은 평가를 받아요!	• 생명 현상을 탐구하는 교내 동아리 활동 • 동물 관련 사회적 이슈에 대한 토론 학습 경험 • 학생회 또는 다양한 교내 봉사 활동
추천도서	• 동물해방(연암서가/피터 싱어) • 침묵의 봄(에코리브르/레이첼 카슨) • 생명을 묻다(이른비/정우현) • 돼지가 사는 공장 : 공장식 축산업 너머의 삶과 좋은 먹거리를 찾아서 (수이북스/니콜렛 한 니먼) • 수의사가 말하는 수의사 : 23명의 수의사들이 솔직하게 털어놓은 수의사의 세계(부키/이학범)

4 수의과대학교 연계 고등학교 교과목

수의과대학 공부와 직접적으로 관련 있는 과목은 '생명과학'과 '화학'이다. 특히 생명과학이 중요하다. 수의과대학 전공 공부 대부분이 생명과학, 생명공학 분야기 때문이다. 따라서 1학년 때 통합과학, 2·3학년 생명과학, 화학 교과의 일반선택, 진로선택, 전문교과 I 과목을 위계에 맞게 많이 이수해야 하며, 당연히 내신 성적도 좋아야 한다. 그리고 나서 관련 연계 활동을 넓혀가도 늦지 않다.

물론, 고등학교 다른 교과목도 수의과대학 진로와 연계성이 있다.

첫 번째, 동물 환자 보호자, 동료 수의사와 소통하고 협력해야 하므로 국어 교과는 중요하다. AI가 보조역할을 해줄 수 있지만, 수의사는 동물과 사람을 만나는 직업이어서 언어 역량 함양은 필수다.

두 번째, 영어로 된 수의학 전공과목 공부에 도움이 된다. 전공 내용이 영어 용어나 의학 영어가 많아서 영어를 못하는 학생이라면 수업을 따라가기 힘들다. 또한, 해외 진출까지 생각한다면 영어 교과는 중요하다. 자연계 특히 의학계열에서 영어 역량은 꼭 챙겨야 한다.

세 번째, 수의과대학의 기본 학문이 수학과 과학이기 때문에 수학은 당연히 중요하며, 동물 질병 치료 시 다양한 상황 판단을 하는 수의사에게 수학에서 길러지는 논리적 사고력은 필수다. 수학 이수단위를 늘리고 내신 성적을 올려야 하는 이유다.

네 번째, 과학 교과에서 제일 중요한 과목은 생명과학, 화학 순이다. 수의과대학교 교육과정에서 가장 많이 배우며, 수의학과 직접 관련되는 과목이기 때문이다. 물리학에서 배우는 역학이나 지구과학에서 배우는 환경과 에너지도 크게 보면 수의학과 연계성을 찾을 수 있다.

다섯 번째, 졸업 후 동물병원을 개원하는 경우가 많기 때문에 경영학, 경제학, 법학 등 사회과학 그리고 동물 복지, 평등, 행복을 생각한다면 철학, 윤리학 등 인문과학 교과목 공부에도 소홀해서는 안 된다.

● 공통과목

국어 : 국어

영어 : 영어

수학 : 수학

사회 : 통합사회

과학 : 통합과학, 과학탐구실험

● 일반선택 과목

국어 : 화법과 작문, 언어와 매체, 독서, 문학

영어 : 영어회화, 영어 독해와 작문, 영어Ⅰ, 영어Ⅱ

수학 : 수학Ⅰ, 수학Ⅱ, 미적분, 확률과 통계

사회 : 경제, 정치와 법, 사회문화, 생활과 윤리, 윤리와 사상

과학 : 생명과학Ⅰ, 화학Ⅰ, 물리학Ⅰ, 지구과학Ⅰ

생활교양 : 기술 · 가정, 정보, 보건, 환경, 심리학, 철학, 논리학, 교육학, 종교학,
　　　　　 진로와 직업, 실용 경제

● 진로선택 과목

국어 : 실용 국어, 심화 국어, 고전 읽기

영어 : 기본 영어, 실용 영어, 진로 영어, 영어권 문화, 영미 문학 읽기

수학 : 기본 수학, 실용 수학, 인공지능 수학, 기하, 경제 수학, 수학과제 탐구

사회 : 사회문제 탐구, 고전과 윤리

과학 : 생명과학Ⅱ, 화학Ⅱ, 물리학Ⅱ, 지구과학Ⅱ, 과학사, 생활과 과학, 융합과학

생활교양 : 가정과학, 지식재산일반, 일공지능기초

● 전문교과Ⅰ 과목

영어 : 심화영어Ⅰ, 심화영어회화Ⅰ

수학 : 심화수학Ⅰ, 심화수학Ⅱ, 고급 수학Ⅰ, 고급수학Ⅱ

과학 : 고급 생명과학, 고급 화학, 고급 물리학, 고급 지구과학, 생명과학 실험,
　　　 화학 실험, 물리학 실험, 지구과학 실험

2015 교육과정 고등학교 보통 교과 교과목 구성

교과 영역	교과 (군)	공통 과목	선택 과목	
			일반 선택	진로 선택
기초	국어	국어	화법과 작문, 독서, 언어와 매체, 문학	실용 국어, 심화 국어, 고전 읽기
	수학	수학	수학 I , 수학 II , 미적분, 확률과 통계	기본 수학, 실용 수학, 인공지능 수학, 기하, 경제 수학, 수학과제 탐구
	영어	영어	영어 회화, 영어 I , 영어 독해와 작문, 영어 II	기본 영어, 실용 영어, 영어권 문화, 진로 영어, 영미 문학 읽기
	한국사	한국사		
탐구	사회 (역사/도덕 포함)	통합사회	한국지리, 세계지리, 세계사, 동아시아사, 경제, 정치와 법, 사회·문화, 생활과 윤리, 윤리와 사상	여행지리, 사회문제 탐구, 고전과 윤리
	과학	통합과학 과학탐구 실험	물리학 I , 화학 I , 생명과학 I , 지구과학 I	물리학 II , 화학 II , 생명과학 II , 지구과학 II , 과학사, 생활과 과학, 융합과학
체육· 예술	체육		체육, 운동과 건강	스포츠 생활, 체육 탐구
	예술		음악, 미술, 연극	음악 연주, 음악 감상과 비평 미술 창작, 미술 감상과 비평
생활· 교양	기술· 가정		기술·가정, 정보	농업 생명 과학, 공학 일반, 창의 경영, 해양 문화와 기술, 가정과학, 지식 재산 일반, 인공지능 기초
	제2 외국어		독일어 I 일본어 I 프랑스어 I 러시아어 I 스페인어 I 아랍어 I 중국어 I 베트남어 I	독일어 II 일본어 II 프랑스어 II 러시아어 II 스페인어 II 아랍어 II 중국어 II 베트남어 II
	한문		한문 I	한문 II
	교양		철학, 논리학, 심리학, 교육학, 종교학, 진로와 직업, 보건, 환경, 실용 경제, 논술	

● 2015 교육과정 고등학교 전문교과 I 과목 / 수학 · 과학계열

과목	내용
심화 수학 I	'수학'을 학습한 후에 선택할 수 있는 전문 교과 과목으로 '수학 I', '수학 II', '미적분'의 주요 내용을 압축하고 심화한 과목이다. 자연과학, 공학, 의학 및 이들의 응용 분야를 전공하는 데 학문적 기초가 되며, 창의 융합 인재로 자라나기 위한 지식 이해 및 습득, 문제 해결력, 추론, 창의 · 융합, 의사소통, 정보처리, 태도 및 실천 역량을 함양할 수 있다.
심화 수학 II	'수학'과 '심화 수학 I'을 학습한 후에 선택할 수 있는 전문 교과 과목으로 '미적분', '기하', '확률과 통계'의 주요 내용을 압축하고 심화한 과목이다. 자연과학, 공학, 의학 및 이들의 응용 분야를 전공하는데 학문적 기초가 되며, 창의 융합 인재로 성장하기 위한 지식 이해 및 습득, 문제 해결력, 추론, 창의 · 융합, 의사소통, 정보처리, 태도 및 실천의 역량을 함양할 수 있다.
고급 수학 I	전문 교과 I인 '심화 수학 I'과 '심화 수학 II'를 학습하거나 이들 과목에 포함된 내용을 다루는 수학의 일반 선택과 진로 선택 과목을 학습한 후에 선택할 수 있는 과목으로 '심화 수학 I', '심화 수학 II'의 내용을 심화 · 발전시킨 것이다. 자연과학, 공학, 의학 및 이들의 응용 분야를 전공하는데 학문적 기초가 되며, 창의 융합 인재로서 자라나기 위한 지식 이해 및 습득, 문제 해결력, 추론, 창의 · 융합, 의사소통, 정보처리, 태도 및 실천의 역량을 함양하는 과목이다.
고급 수학 II	전문 교과 I인 '고급 수학 I'을 학습한 후 선택할 수 있는 전문 교과 과목으로, '심화 수학 I', '심화 수학 II', '고급 수학 I'의 내용을 심화 · 발전시킨 것이다. 자연과학, 공학, 의학 및 이들의 응용 분야를 전공하는데 학문적 기초가 되며, 창의 융합 인재로서 성장하기 위한 지식 이해 및 습득, 문제 해결력, 추론, 창의 · 융합, 의사소통, 정보처리, 태도 및 실천의 역량을 함양하는 과목이다.
고급 물리학	과학기술과 관련된 전공 분야로 진출하는데 필요한 물리학의 내용을 체계적으로 이해하며 '물리학 II'에서 심화한 물리학의 학문적 체계 및 내용을 학습하기 위한 과목이다.
고급 화학	심화한 화학 개념과 탐구 원리를 통해 물질의 구조, 성질, 변화에 대한 체계적 이해를 도모하여 일상생활의 문제뿐만 아니라 장차 자연과학과 공학 분야에서 물질에 대한 탐구를 과학적으로 수행하는 능력을 기르기 위한 과목이다.

고급 생명과학	'생명과학Ⅰ', '생명과학Ⅱ'를 통하여 생명 현상 전반에 대한 기초 개념을 습득한 후에 선택할 수 있는 과목이다. 더욱 전문적인 생명과학 개념을 분자적 수준에서 통합적으로 이해하며, 앞으로의 연구 분야에 생명과학의 지식을 활용할 수 있도록 준비하는 과목이다.
고급 지구과학	시공간적으로 밀접한 관련이 있는 지구와 우주에 대한 심화 개념과 탐구 방법을 이해하고, 주제별 탐구를 직·간접적으로 해봄으로써 이공계로 진학하였을 때 필요한 융합적 문제 해결력과 탐구 역량을 기르기 위한 과목이다.
물리학 실험	'물리학Ⅰ' 또는 '물리학Ⅱ'를 이수한 학생들이 심화한 수준으로 물리학 실험 탐구를 해봄으로써 이공계로 진학하였을 때 필요한 실험 및 탐구 역량을 기르기 위한 과목이다.
화학 실험	심화한 화학 실험의 원리와 기능을 익혀 물질 현상을 체계적으로 탐구함으로써 화학 개념의 깊이 있는 이해를 도모하고 장차 자연과학과 공학 분야에서 물질에 관한 탐구를 과학적으로 수행하는 능력을 기르기 위한 과목이다.
생명과학 실험	실험기법을 익히고, 관심 있는 생명과학의 주제에 대해 과학적으로 탐구하는 능력을 길러 앞으로의 연구 분야에 생명과학의 지식을 활용할 수 있도록 준비하는 과목이다.
지구과학 실험	시공간 스케일의 범위가 큰 지구와 우주에 대한 이해와 심화 개념을 바탕으로 지구과학적 탐구 방법의 특성을 활용하여 다양한 탐구와 실험을 수행함으로써 관련 연구 분야에서 필요한 창의적 탐구 역량을 함양하기 위한 과목이다.
융합과학 탐구	토론과 조사를 거쳐 융합과학 소재의 과제를 선정하여 실험 실습을 수행하고 결론을 도출하여 보고서를 작성하는 일련의 연구 과정을 경험함으로써 과학자 혹은 일반 시민으로서 갖추어야 할 창의성과 문제 해결 능력을 기를 수 있는 과목이다.
과학과제 연구	과학 계열 고등학교 학생 또는 일반고등학교에서 과목 중점 과정을 이수하는 학생을 대상으로 하여, 토론과 조사를 거쳐 특정 과학과제를 선정하여 실험 실습을 수행하고 결론을 도출하여 보고서를 작성하는 일련의 연구 과정을 통해 과학자가 갖추어야 할 연구 수행 능력을 기를 수 있는 과목이다.
생태와 환경	생태와 환경에 관심이 있는 미래의 과학 인재들이 생태와 환경에 대한 과학적 소양을 함양하도록 하여, 개인적인 실천뿐만 아니라 진로를 결정하는데 필요한 지식을 제공하는 과목이다.
정보과학	컴퓨터과학의 기본 개념과 원리 및 기술을 바탕으로 창의적이고 효율적으로 다양한 분야의 문제를 해결하는 역량을 기르기 위한 과목이다.

5 | 수의과대학 전공 과정

수의과대학교는 예과인 수의예과 2년과 본과인 수의학과 4년의 교육과정을 이수하고, 매년 초 시행하는 수의사 국가고시를 통해 수의사 면허를 취득한다. 수의과대학의 인재상은 동물과 사람 그리고 환경의 유기적인 건강의 가치를 이해하는 수의학 미래인재 양성을 목표로 하고 있다.

- **수의예과** : 수의학도로서 지녀야 할 폭넓은 지식과 교양을 탐구하고, 본과에서 교육받을 전공과목에 대한 전반적 기초지식을 함양하는 것을 목표로 교육이 실시된다.
- **수의학과** : 동물의 질병을 진료하고 치료할 수 있는 수의사를 양성하기 위한 교육과정이다. 또한 훌륭한 실력과 인격을 겸비한 수의학 분야의 지도자와 공중보건학, 유전공학 및 생물공학과 연계된 수의학 분야의 전문 연구인력을 배출하기 위한 교육도 함께 실시되고 있다.

가. 건국대학교

학기	수의예과		수의학과			
	예과 1학년	예과 2학년	본과 1학년	본과 2학년	본과 3학년	본과 4학년
1학기	경제원론학 생명과학개론 수의학개론 유전학 화학의 이해 전산과학 진로설계1	동물영양학 분자생물학 분자생물학실습 동물복지 수의학과사회 수생동물학 의료정보학 세포생물학	수의대사생화학 수의대사생화학실습 수의생리학1 수의생리학1실습 수의약리독성학입문 수의조직학1 수의조직학1실습 수의해부학1 수의해부학1실습 수의임상면역학 수의미생물학2 수의미생물학2실습	수의공중보건학1 수의공중보건학1실습 수의임상병리학1 수의임상병리학1실습 수의독성학 수의독성학실습 수의병리학1 수의병리학1실습 수의전염병학1 실험동물학 어류질병학 어류질병학실습 조류질병학1	수의내과학1 수의내과학1실습 수의방사선학 수의방사선학실습 수의산과학1 수의산과학1실습 수의외과학1 수의외과학1실습 식품위생학	축산물 및 어패류 검사론 임상로테이션1 임상로테이션2 임상로테이션3 수의임상세미나1 동물행동치료학 야생동물의학 응용동물종합실습 수의공중보건의생실습
2학기	동물학 수의윤리학 유기화학 의학영어 의학통계학 진로설계2	수의미생물학1 수의미생물학1실습 수의면역학실습 수의면역학 수의바이러스학 수의바이러스학실습 수의발생학1 수의생화학1 수의생화학실습 신경과학 실험동물학개론	수의발생학2 수의생리학2 수의생리학2실습 수의신경해부학 수의약리학 수의약리학실습 수의조직학2 수의조직학2실습 수의해부학2 수의해부학2실습 수의기생충학 수의기생충학실습	수의공중보건학2실습 수의병리학2 수의병리학2실습 수의임상병리학2 수의임상병리학2실습 수의전염병학2 수의전염병학2실습 조류질병학2 조류질병학실습 환경위생학 실험동물의학 실험동물의학실습	수의내과학2 수의내과학2실습 수의산과학2 수의산과학2실습 수의영상의학 수의영상의학실습 수의외과학2 수의외과학2실습	수의임상세미나2 임상로테이션4 임상로테이션5 임상로테이션6 수의학심화실습 수의법규 동물병원경영학 수의임상영양학 응급수의학 수의안과학 수의치과학 수의피부학

나. 서울대학교

기초	기초수의학		임상	
예과(1,2학년)	본과 1학년	본과 2학년	본과 3학년	본과 4학년
학문의 기초 학문의 이해 수의학의 이해 수의유전학 기초유기화학 수의세포분자생물학 수의학개론 수의용어학 예비 수의사를 위한 자기계발	수의발생학 수의생리학 및 실습 수의생화학 및 실습 수의조직학 및 실습 수의해부학 및 실습 수의기초임상신경과학 수의생물공학 및 실습 수의신경과학	수의독성학 및 실습 수의면역학 및 실습 수의병리학 및 실습 환경위생학 수의전염병학 및 실습 실험동물의학 및 실습	가금질병학 및 실습 동물행동치료학 소동물내과학 및 실습 수생생물의학 및 실습 수의방사선과학 및 실습 수의산과학 및 실습 수의외과학 및 실습 수의임상병리학 및 실습 대동물내과학 및 실습 수의안과학 수의진단영상학 및 실습 수의피부과학 야생동물질병학 및 실습	임상로테이션 심화실습 현장실습
	수의미생물학 및 실습 수의약리학 및 실습 수의기생충학 및 실습		수의공중보건학 및 실습	

다. 전북대학교

● 수의예과

학년	학기	교과목명	학점
1	1	기초교양 – (문해력) 고전, 명저 읽기	3
		일반교양1	1
		핵심교양 – (자연) 일반화학1/실험1	4
		핵심교양 – (자연) 일반물리학1/실험1	4
		핵심교양 – (자연) 일반생물학 및 실험1	3
		핵심교양 – (인간) 8과목 중 택1	3
	2	기초교양 – (표현력) 글쓰기	3
		기초교양 – (표현력) 실용영어	3
		기초교양 – (사고력) 3과목 중 택1	3
		핵심교양 – (사회) 7과목 중 택1	3
		일반교양 – (신입생정착/학생지도) 대학생활과진로설계	1
		동물영양학 및 사양학	3
		분자생물학	3
2	1	일반교양2	3
		수의학용어	2
		수의학개론	2
		세포생물학 및 실험	3
		유기화학	3
		동물비교해부학 및 실험	3
		농산업 경제, 경영학	2
	2	일반교양3	3
		유전학	3
		수의발생학	2
		수의해부학 및 실험	2
		동물생태학	2
		생물실험 통계학 및 실습	3
		동물복지와 수의사	2
		국제수의법규	1
교양 최소 이수 37학점(최대 이수 43학점), 전공 기초필수 36학점			

● 수의학과

학년/학기	학수 구분	교과목명	총 학점
1-1	전필	수의해부학1	22
		수의해부학 실습1	
		수의조직학1	
		수의조직학 실습1	
		수의생화학1	
		수의생화학 실습1	
		수의미생물학1	
		수의미생물학 실습1	
		수의생리학1	
		수의생리학 실습1	
		수의기생충학1	
		수의기생충학 실습2	
1-2	전필	수의해부학2	21
		수의해부학 실습2	
		수의조직학2	
		수의조직학 실습2	
		수의생화학2	
		수의생화학 실습2	
		수의미생물학2	
		수의미생물학 실습2	
		수의생리학2	
		수의생리학 실습2	
		수의기생충학2	
		수의기생충학 실습2	

학년/학기	학수 구분	교과목명	총 학점
2-1	전필	수의약리학1	20
		수의약리학 실습1	
		수의병리학1	
		수의병리학 실습1	
		수의공중보건학	
		수의공중보건학 실습	
		수의면역학	
		수의면역학 실습	
		수의독성학1	
		수의독성학 실습1	
		인수공통 전염병학	
2-2	전필	수의약리학2	21
		수의약리학 실습2	
		수의병리학2	
		수의병리학 실습2	
		식품위생학	
		식품위생학 실습	
		수의독성학2	
		수의독성학 실습2	
		수의전염병학1	
		수의전염병학 실습1	
		동물행동학	
		실험동물학	
		실험동물학 실습	

학년/학기	학수 구분	교과목명	총 학점
3-1	전필	수의내과학1	22
		수의진단학 실습	
		수의외과학1	
		수의기초수술학 및 실습	
		수의산과학1	
		수의산과학 실습1	
		수의방사선학1	
		수의방사선학 실습1	
		수의임상병리학1	
		수의임상병리학 실습1	
		수의전염병학2	
		수의전염병학 실습2	
		동물인공수정학	
		수생생물의학1	
		야생동물질병학	
3-2	전필	수의내과학2	22
		수의내과학 실습1	
		수의외과학2	
		수의마취학 실습	
		수의산과학2	
		수의산과학 실습2	
		수의방사선학2	
		수의방사선학 실습2	
		수의임상병리학2	
		수의임상병리학실습2	
		조류질병학	
		동물수정란 이식학	
		수의임상-병리집담회1	
		수생생물의학2	

학년/학기	학수 구분	교과목명	총 학점
4-1	전필	수의내과학3	9
		수의내과학 실습2	
		수의외과학3	
		수의 수술학 실습	
		돼지질병학	
		병원 실습1	
	전선	수의임상-병리 집담회2	10
		수의약물치료학	
		수의백신학	
		동물한의학	
		수의치과학	
		수의윤리학	
		수의역학	
		말질병학	
		응급수의학	
4-2	전필	수의법규	3
		병원 실습2	
	전선	애완동물학	10
		수의피부질병학	
		수의번식공학	
		수의영상진단학	
		어류질병진단학	
		수의안과학	
		수의신경학	
		수의분석학	
		동물병원경영학	
		수의임상종양학	
		수의운동생리학	

2016학년도 입학자 - 전필: 142학점, 전선: 18학점(전선 10과목 중 최소 5과목 이상) = 총 160학점
2015학년도 입학자 - 전필: 140학점, 전선: 20학점(전선 10과목 중 최소 5과목 이상) = 총 160학점

수의과대학 전공 과목[2]

● 수의독성학(Veterinary Toxicology)

독성학은 외래성물질에 의한 생체 내의 독성에 관하여 공부하는 매우 광범위한 학문으로서 생물학, 화학, 수학, 물리학, 분자생물학, 내분비학 등 거의 모든 학문과 연관된 생명과학의 한 분야다. 이 중 수의독성학은 상기학문과의 밀접한 연관을 바탕으로 동물과 생태계에 미치는 즉 환경생태계에 미치는 제반 독성을 고찰하고 그 기전[3]을 밝혀내고 이를 바탕으로 위해성을 예측·예방하는 데 있다. 교육과정으로 학부 과정에서는 수의독성학, 수의독성학 실습을 통해 수의독성학에 대한 이론 및 실험적 접근을 통해 임상에 필요한 지식을 배양하도록 하고 있다. 대학원 과정에서는 수의임상독성학, 환경독성학 등 일곱 강좌를 학기별로 개설하고 더욱 체계적이고 심도 있는 교육의 장을 마련하고 있다. 연구 분야에서는 질환동물모델에서의 독성평가, 독성물질의 대사과정, 유전물질의 독성학적 견지에서의 역할, 종양의 기전을 보다 잘 이해하기 위한 돌연변이 기전과 특정 표적 유전인자의 감수성규명 등 다양한 연구를 수행하고 있으며, 앞으로도 수의독성학의 학문적 발전에 큰 역할을 할 수 있도록 노력할 것이다.

● 수의생리학(Veterinary Physiology)

수의생리학은 기능적 측면을 중심으로 동물 내에서 일어나는 생명현상의 기전을 탐구하는 학문이다. 하나의 세포 안에서 일어나는 분자적인 신호 전달 기전에서부터 한 개체의 항상성을 유지하기 위한 생체현상까지 동물 체내에서 일어나는 기능적 상호작용을 과학적으로 밝혀내는 것을 목적으로 한다. 수의생리학 교실은 학부교육과정에서는 동물의 분자, 세포, 조직, 기관, 기관계 및 개체의 기능에 대한 교육을 실시하여 수의사가 함양해야할 생체의 물리·화학적 이해를 돕도록 하고 있다. 이를 통해 동물의 다양한 질병을 이해할 수 있는 기초를 마련하고, 생리학적 지식을 임상 분야에 직접적으로 응용할 수 있는 능력을 갖추도록 한다. 연구 분야로는 중간엽줄기세포 성장조정인자 연구, 조모혈모세포

---

2   전북대학교 수의과대학교 브로셔에서 발췌

3   기전(機轉) : 어떤 물체나 현상의 작용 원리나 작용 과정

분화연구, 면역세포 치료연구 등을 수행하고 있으며 더 나아가 다양한 질환동물 모델을 통한 질병과 치료기전을 연구하고 있다.

● 수의생화학(Veterinary Biochemistry)

생화학은 생체 내에서 일어나는 무수히 많은 화학반응 등을 분자적 수준에서 연구하여 생명현상이 일어나는 과정을 밝히는 생물학의 한 분야로, 생화학 공부를 통해 생체를 구성하는 분자들인 물, 탄수화물, 단백질, 지질과 핵산 등의 종류, 구조와 기능 등을 이해하고, 이들 분자들의 생체 내 대사과정을 통한 에너지 생산과 생체 필요 물질들의 합성 과정을 알 수 있다. 수의생화학은 동물 체내에서 일어나는 각각의 생화학적인 특성들을 이해하고 동물 질병과 관련하여 생화학 관련 인자들의 변화를 연구하는 학문이다. 수의생화학 교실은 다양한 질병에 대한 생화학, 분자생물학적 변화를 규명하는 연구를 수행 중이며, 주요 연구 분야는 첫째, 프리온 매개 질환의 발병기전과 치료 메커니즘을 규명하기 위한 연구를 진행하고 있다. 둘째, 암, 창상, 아토피 피부염 등의 질환 동물 모델을 활용하여 다양한 천연물질의 치료 효과를 혈관신생 과정과 연계하여 연구를 진행하고 있다. 이러한 연구를 수행하기 위해 세포 배양실과 실험 동물실을 갖추고 있으며, 유세포 분석기, 다양한 PCR장비, 냉동절편기, 분광광도계, 형광현미경 및 입체현미경 등의 장비를 연구해 활용하고 있다.

● 실험동물의학(Laboratory Animal Medicine)

생명동물의학 교실은 실험동물의 생물학적 특징과 질병, 사육과 관리, 미생물 및 환경 컨트롤 등 실험동물 전반에 걸친 이론 및 실험적 지식 공유를 목적으로 하고 있으며, 또한 식품, 의약학 등을 포함한 생명의학 전 분야에 필요한 동물 실험을 위한 모델의 제작, 실험기법, 평가 연구에 대해 주도적인 역할을 담당하고 있다. 그리고 실험동물의 복지 향상을 위한 3R 동물복지교육, IACUC 지도 등 동물실험과 관련한 심도 있는 교육의 장을 마련하고 있다. 연구 분야에서 본 교실은 Thymosin beta-4 연구 및 다양한 안정성 및 유효성 평가 연구를 수행하고 있으며, 학위수료 후 실험동물전문수의사 및 국내외 실험동물 관련 기업 및 CRO 전문기관, 국공립연구소 연구원 등 여러 분야로 진출하고 있다.

● 수의약리학(Veterinary Pharmacology)

수의약리학은 개와 고양이와 같은 반려동물, 소, 돼지와 닭과 같은 산업동물, 호랑이와 반달곰 등과 같은 야생동물을 대상으로 생체에 약물이 투여되어 배설되기까지의 수량적 변화, 약물작용의 기전 및 약물치료법을 연구하는 학문 분야이다. 수의약리학 교실은 동물의 질병을 예방하고 치료하는 데 필요한 약리학적 지식의 습득을 목표로 학생교육과 연구를 담당하고 있다. 교육과정으로 학부과정에서는 수의약리학, 수의약리학실습과 약물치료학을 수의약리학에 대한 이론 및 실험적 접근을 통해 임상에 필요한 지식을 배양하도록 하고 있다. 대학원과정에서는 약물작용관리, 수의항암화학요법 등 14강좌를 학기별로 개설하고 더욱 체계적이고 심도 있는 교육의 장을 마련하고 있다. 연구 분야에서는 질환동물모델에서의 약효검증, 천연물신약, 항암제, 질환과 약물에 의한 생체의 마그네슘 변동 등 다양한 연구를 수행하고 있으며, 앞으로도 수의약리학의 학문적 발전에 큰 역할을 할 수 있도록 노력할 것이다.

● 수의해부 · 조직 · 발생학(Verterinary Anatomy, Histology, Embryology)

수의해부 · 조직 · 발생학 교실은 1951년 본교 설립과 함께 개설된 이래로 수의학 교육과 연구에 힘써왔다. 본 교실은 동물을 구성하는 장기의 해부 · 조직학적 구조와 발생 과정 (수의해부학, 수의조직학, 수의발생학, 수의신경학)에 대하여 교육한다. 학부 과정에 개설한 과목인 동물비교해부학에서는 어류에서 포유류에 이르는 다양한 척추동물 간 다양성과 상호 유연관계를, 수의해부학에서는 팀 바탕 학습법을 통해 개를 기본으로 소, 말, 돼지, 고양이, 닭 등 다양한 포유동물과 조류의 해부학적인 특징을 비교하여 교육한다. 또한 직접 해부체를 절개하여 만져보고 눈으로 관찰 · 기록하는 실습 기회를 제공하여 수의사가 되는 데 가장 기초가 되는 해부학 지식을 습득할 수 있게 한다. 수의발생학에서는 동물 발생과정에 대한 기초적인 지식, 수의조직학에서는 다양한 동물 장기의 미세구조를 교육하며, 직접 조직 슬라이드를 제작하여 현미경으로 관찰하는 실습 기회를 제공한다. 이와 같은 교육과정을 통해 지식은 물론 생명체의 고귀함을 체득함으로써 인성과 윤리성을 함양하고 의사소통 능력을 키울 수 있도록 한다. 수의해부 · 조직 · 발생학 교실은 동물의 종별 장기, 조직, 세포의 구조와 기능 그리고 이들의 발생과정과 그 기전에 대하여 연구하고 있으며, 육안해부학, 형태계측학 방법을 통해 야생동물의 대동맥활 분지 패턴, 야생동물의 골격을 연구하고 있다. 또한 실험 동물 모델을 이용하여 대장염, 식도염, 뇌

졸중, 심근경색, 심정지 등 여러 질병에 대한 손상기전을 규명하고 이에 대한 치료방법을 연구하고 있다.

● 수의공중보건학(Veterinary Public Health)

수의공중보건학 교실은 기존 감염병 대응책의 원헬스 패러다임의 전환에 맞추어 아래와 같이 4개의 영역 즉 인수공통전염병학, 환경위생학, 식품위생학, 수의역학을 3명의 교수진이 세부 전문분야에서 학생을 교육하고 있다. 또한, 주요 감염병 백신개발 연구수행으로 예방수의학 분야의 주축을 이루고 있다. 인간과 동물(일반적으로 척추동물)에서 동시에 감염되는 질병은 조류인플루엔자, 에볼라바이러스, 뎅기열, 일본뇌염 등을 포함하는 250여 종이 알려져 있다. 더욱이 COVID-19와 같이, 새롭게 밝혀지고 있는 신종 전염병 (EID, emerging infectious disease) 등도 수의공중보건학 교실에서 교육한다. 자연환경의 변화에 의한 인간과 동물의 서식지 공유 증가, 기후의 변화, 환경오염, 관광과 무역과 같은 교역의 증가는 이들 전염병의 대륙 간 유행(Pandemic)의 가능성을 높이고 있으며, 이러한 전염병의 피해를 최소화하기 위해 사람-동물-생태계 환경 사이의 연계를 통하여 모두에게 최적의 건강을 제공하기 위한 다학제적 접근인 원헬스(One-health)의 중요성이 강조되고 있다. 세계보건기구(WHO)는 원헬스를 "공중보건의 향상을 위해 여러 학문분야가 서로 소통 협력하는 프로그램, 정책, 법률, 연구 등을 설계하고 구현하는 접근법"으로 정의하고 있다. 본 대학의 구체적인 수의공중보건학 교육과정 내용은 각 분야 전문교수진이 강의를 담당하고 있다.

● 수의기생충학(Lab of Veterinary Parasitology)

수의기생충학 교실은 전북대학교 수의학과의 시작을 함께했으며, 기생충에 의해 야기되는 질병의 진단, 병원성 규명, 치료, 역학 및 예방에 관한 연구들을 담당하고 있다. 수의기생충학에서 취급하는 기생충의 종류는 원충류, 연충류, 구두충류, 절지동물이고, 특히 동물에 기생하는 기생충 가운데 많은 종류가 인수공통질병을 야기하기 때문에 수의학뿐만 아니라 의학 분야에서도 이를 차단하고 구충하는 것이 중요시되고 있다. 그러므로 앞으로의 국제화 시대에 국제 검역상 중요시되고 있는 수의기생충학에 있어 각 기생충의 형태, 생활사, 병원성 진단, 치료 및 예방 등에 관한 광범위한 지식의 습득 및 형태적 관찰을 통하여 수의학적인 측면에서 기생충성 질병의 진단 및 이를 차단할 수 있는 수의사의 양성을 목표로 한다. 본 연구실에서는 절지동물에 의해 매개되는 감염에는 말라리아, 일본 뇌염 및 필라리아가 포함된다. 이러한 감염의 원인이 되는 기생충, 바이러스 및 박테리아의 전파에는 매개 절지동물, 즉 벡터가 필수적이다. 따라서 병원균의 벡터 단계를 절단함으로써 동물과 인간에 대한 감염을 예방할 수 있다. 이 개념에 기초하여, 병원균이 벡터 내에서 어떻게 행동하는가? 벡터와 병원균 사이에는 어떤 상호 작용이 있는가? 벡터에게 병원균이란 무엇인가? 이러한 사건에 대해, 병원균과 벡터 외부기생충이 있는 고유한 생명 현상을 실험실 수준의 기본 실험 데이터에서부터 감염성 아웃브레이크 지역에서의 국내외 현장 조사까지 유기적으로 통합하고 철저히 분석함으로써 벡터 단계 제어에 의한 원충병의 제어를 실현하기 위해 연구가 수행되고 있다.

● 수의미생물학 · 면역학(Veterinary Microbiology and Immunology)

수의미생물학 · 면역학 교실은 세균, 진균 및 바이러스를 포함하는 다양한 병원성 미생물의 감염에 의해 유도되는 질병의 면역학적 병리기작(immunopathogenesis)과 미생물의 분류 및 동정, 국가 재난형의 병원체를 비롯하여 인수공통 전염성의 동물 전염병원체에 대한 특성과 병인 기전(etiology)을 연구하는 교실이다. 본 교실에서 운영하는 학부 과정 교과목은 수의미생물학(세균학, 바이러스학), 수의백신학을 비롯하여, 대학원 과정으로 수의세균학 특론, 분자바이러스학 등 15개 이상의 강좌를 개설하여 운영한다. 수의미생물학 · 면역학 교실에서는 최근 국가재난형의 농장동물 및 반려동물에서 나타나는 세균, 바이러스 및 진균에 대한 연구를 수행하여 우결핵(bovine tuberculosis), 중증열성혈소판감소증후군(severe fever with thrombocytopenia syndrome), 돼지호흡기생식기증후군(porcine respiratory and reproductive syndrome), 코로나호흡기질병(COVID-19) 등에 대한 국가 및 민간 연구를 수행하여 훌륭하고 중요한 결과를 도출하여오고 있다.

● 수의병리학(Veterinary Pathology)

임상수의학과 기초수의학의 교두보 역할을 하는 수의병리학은 동물에서 발생한 질병의 진단 및 기전에 관한 교육과 연구를 담당하고 있다. 학부과정에서는 본과 2학년부터 4학년까지 병리총론, 병리각론, 다양한 동물의 부검 실습, 현미경 실습 및 분자생물학적 진단 실습을 통해 수의사가 갖추어야 할 기초 및 예방교육을 실시하고 있다. 일반대학원 과정에서는 더욱 심화된 병리기전 강의를 통해, 석사 · 박사 과정으로 더욱 체계적이고 심도 있는 교육의 장을 마련하고 있다. 예방 분야에서, 본 교실은 전북대 동물질병진단센터에 소속되어 전국의 산업동물 및 반려동물의 질병 진단을 담당하고 있으며, 전북야생동물구조관리센터와 협업하여 야생동물의 질병에 대하여 진단, 연구하고 있다. 기초 연구 분야로는 선천성 면역계의 수용체인 Tol-like receptor7과 Type I Interferon의 신호기전에 따른 간 섬유화의 억제 체계를 세계 최초로 규명하였으며, 이후 독성간질환과 대사성간질환에 대한 연구를 이어나가고 있다. 또한 전북대 인수공통전염병연구소와 연계하여 '살인진드기병'으로 알려진 중증열성혈소판감소증후군(SFTS), 세계적 대유행이 선포된 COVID-19 등 다양한 인수공통감염병에 관한 병리연구를 수행하고 있다.

● 수의내과학(Veterinary Internal Medicine)

수의내과학 교실에서는 반려동물의 내과질환 진단 및 산업동물에 대한 병성진단을 실시하고 있다. 내과 진료의 범위는 광범위하고 내과 진료진의 소동물 임상에 대한 관심분야도 다양하기 때문에 전북대 동물의료센터의 진료서비스도 다양하다. 질병 진단을 위한 혈액학적 검사, 소변 검사, 분변 검사, 유전자 진단법을 이용하여 내원 환축 및 의뢰 샘플에 대해 신속하고 정확하게 병의 원인을 규명하고 있다. 두 명의 교수진과 박사 및 석사 과정의 의료진들이 진료와 연구를 하고 있으며 본 내과 진료진의 진료서비스 분야는 일반내과, 순환기내과, 호흡기내과, 신경내과, 피부내과, 종양내과가 있다. 그중에서도 기본적으로 일반내과는 주로 소화기, 비뇨기, 내분비 질환을 다루며 진단을 위해서는 각종 정밀 혈액검사와 요검사, 초음파, 내시경 등을 실시하고 있으며, 약물 치료를 기본적으로 하고 있다. 그 외의 진료서비스 분야에서도 질병의 치료와 연구를 수행하고 있다.

● 돼지질병학(Swine Diseases)

돼지질병학 교실은 돼지질병의 진단, 예방 및 치료를 연구하고 있다. 학부교육과정으로는 돼지질병학을 개설하여 국내에서 다발하고 있는 돼지의 주요 질병에 대한 지식을 체계적으로 이해할 뿐만 아니라, 양돈 현장에서 질병을 억제하는 데 있어 필요한 효율적인 사양 관리 전문가인 우수 양돈수의사를 양성하는 데 목표를 두고 있다. 대학원 교육과정으로는 돼지질병진단학 특론, 최신 돼지호흡기질병학, 최신 돼지소화기질병학, 최신 수의 분자진단학이 개설되어 돼지질병의 진단뿐 아니라 최신의 수의 분야 질병 진단 기법에 대한 원리를 습득하고 이를 다양한 동물 질병 진단에 활용하며, 최근 인수공통전염병의 세계적인 창궐로 전염병 중심의 진단검사가 중요하게 대두되고 있는 만큼 이에 대한 전문 지식을 습득하고 이를 수의 진단 분야에 적용하는 것을 목표로 하고 있다. 본 교실의 주요 연구 목표는 양돈 산업에서 발생하는 감염성 질병의 병인론, 조기진단, 치료방안 모색 및 병원체의 역학적 상관관계 규명에 있다. 최근에는 NGS(Next Generation Sequencing) 기법을 활용한 연구, 돼지 회장염 연구 그리고 real-time PCR을 활용한 ASFV 연구를 포함한 국가재난형 동물 감염병 연구를 활발하게 진행하고 있다.

● 수의산과학(Theriogenology)

수의산과학은 동물의 임신에서 분만까지 번식에 관련된 전반적인 진단과 질병의 치료, 교육 및 연구를 담당하고 있다. 전통적인 수의산과학 분야는 산업 동물(말, 소, 돼지 등)의 번식 진단, 인공수정, 번식 장애 치료가 중심이 되었으나 점차 반려동물, 야생동물 및 멸종위기동물의 번식 그리고 첨단 생명공학 분야로 영역이 확대되고 있다. 학부과정에서는 수의산과학 및 실습, 인공수정학, 수정란이식학, 수의번식공학을 통하여 수의사로서 필요한 생식세포, 호르몬, 생식기관, 임신과 분만에 관한 전반적인 지식과 번식에 관하여 교육한다. 대학원 과정에서는 체계적인 석박사 교육과정과 심화된 14개의 전문 강좌를 통하여 동물 생식 전반에 정통한 임상 수의사 및 첨단 생명공학 분야의 전문 연구 인력을 양성하고 있다. 산과학 교실에서는 산업동물과 반려동물의 번식과 관련하여 불임 및 난산을 치료하거나, 임신 진단, 분만 예정일 판정, 교배 적기 판정 및 인공수정을 시행한다. 또한 연구 분야에서는 생식세포의 동결 보존, 체외 성숙, 체외 수정, 수정란 이식, 체세포 핵이식, 줄기세포 등에 관한 다양한 연구를 수행하고 있으며 수의산과학 및 번식공학 분야의 학문적 발전을 위하여 노력하고 있다.

● 수생생명의학(Aquatic Biomedicine)

수생생명의학 교실은 수생생물 질병의 진단, 예방 및 치료를 연구하고 있다. 학부 교육과정으로는 수생생물의학1, 수생생물의학2, 어류질병진단학이 개설되어 있으며, 수생생물의 기초적인 해부, 생리와 질병의 진단, 예방 및 치료에 대한 교육을 통해 수생생물에 대한 자질을 갖춘 수의사를 위한 교육을 실시하고 있다. 대학원 교육과정으로는 수생동물과 관련한 수의사들의 자기 주도적 전문 지식 증진을 위해 해부 및 생리, 면역학, 감염성 및 비감염성 질병 그리고 수질환경과 스트레스의 7개의 과목이 개설되어 있다. 본 교실의 주요 연구 목표는 수산업에서 발생하는 감염성 질병의 병인론, 조기 진단, 치료방안 모색 및 병원체의 역학적 상관관계 규명에 있다. 본 목표를 위해 유전체학 그리고 단백체학과 관련한 다양한 분자생물학적 방법을 현 교실에서 수행하고 있다. 최근에는 새우의 감염성 질병과 관련하여 차세대염기서열분석(next generation sequencing analysis)을 활용하여 병원체들의 역학적 연관성 그리고 장내세균총 분석을 활발히 연구하고 있다.

● 야생동물의학(Wildlife Medicine)

야생동물의학 교실은 2015년부터 야생동물과 외래성 동물·동물원 동물의 질병 진단과 치료에 관한 교육과 연구, 진료를 담당하고 있다. 교육과정으로 학부 과정에서는 야생동물질병학 강의와 동물병원 실습을 통해 야생동물 진료에 필요한 기본 과정을 교육하고 있다. 일반대학원 과정에서는 조류임상학, 외래성동물의학, 파충류의학 등 7개 강좌를 학기별로 개설하여 동물 종별 특화된 진료를 위한 교육기회를 부여하며, 임상진료 과정에 참여하여 증례의 진단과 치료, 검체의 검사와 해석에 대한 교육을 제공하고 있다. 임상 진료 분야에서는 전북대학교 동물의료센터 외래성동물 및 야생동물센터 야생동물 진료를 담당하고 있다. 진료의 질 향상을 위해 진단과 치료에 필요한 신규기술을 도입하여 야생동물에 적용 가능하도록 하는 연구를 병행하고 있으며, 동시에 환경오염의 지표동물인 야생동물의 주요 질병과 항균제 내성 등을 조사하여 원헬스 관점에서 질병관리를 위한 기초데이터 확보 연구를 수행하고 있다.

● 수의영상의학(Veterinary Medical Imaging)

수의영상의학 교실에서는 생체 내 영상정보를 바탕으로 환자와 보호자 그리고 동료 수의사와의 소통을 최우선의 가치로 여기며 동물의 질병의 진단 및 치료 반응 평가 그리고 최소 침습적 치료를 수행한다. 이를 위해 방사선 촬영(Radiography), 투시촬영(Fluoroscopy), 파노라마 치과 검사(Panorama X-ray), 휴대용 방사선 촬영, 치과 방사선 촬영(Dental X-ray), 심장 및 복부 초음파검사(Ultrasonography), 컴퓨터 단층 촬영(Computed Tomography) 그리고 자기공명영상(Magnetic Resonance Imaging) 검사를 통해 의뢰된 환자에 대한 최적의 촬영 및 영상 판독, 질병 진단 및 진료 자문, 진단 영상 정보의 관리 등의 역할을 담당하고 있다. 또한 세포학 및 조직병리 학적 검사에 필요한 세침흡인술(Fine needle aspiration), 조직 생검(biopsy), 신장 낭종제거술, 체액(흥수,

복수 등) 천자 등과 같은 중재적 시술도 실시하고 있다. 더불어 뇌척수 질환, 혈관계 질환 그리고 치과 질환 등의 진단적 가치를 높이기 위한 연구 등 다양한 과제를 수행해왔으며, 앞으로도 수의영상의학의 발전에 기여하기 위해 꾸준히 노력할 것이다.

● 수의외과학(Veterinary Surgery)

수의외과학 교실은 소동물 일반, 정형, 신경, 외상, 외과, 안과, 치과 질환 진단과 수술 및 산업동물에 대한 진단 및 수술을 진행하고 있다. 그중에서도 일반외과는 다양한 장비를 이용한 흉/복강 내 장기 질환에 대한 진단과 피부성형 및 종양제거, 단두종 증후군, 인후 두 질환 등 다양한 수술적 교정을 하고 있고 정형외과는 뼈와 관절관련 중심으로 발생하는 질환 진료 및 치료 및 수술적 방법 외 약물 및 주사요법, 물리치료, 재활치료 등 비수술적 치료방법을 적용하며 환자의 크기에 맞는 다양한 사이즈의 이식물을 보유하며 동시에 수술도 가능한 장비가 구비되어 있다. 또 신경외과는 진단영상의학의 빠른 진단을 통한 수술적 개입과 안과 진료에 필요한 장비 및 기구를 보유하고 있으며, 치아 구조 질환에 대한 진단과 치료도 하고 있다. 그 외에도 수의한방학 및 재활의학과, 산업동물외과, 수의외상외과 등 많은 진단과 수술을 하고 있다.

● 수의임상병리학(Veterinary Clinical Pathology)

수의임상병리학 교실에서는 혈액 검사, 뇨 검사 및 분변 검사를 통하여 환자의 건강상태에 대한 전반적인 스크리닝 검사를 실시하고 있으며 기타 응고계 검사, 혈액가스 검사, 특수염색, 배양 및 항생제 감수성 검사, C-reactive protein(CRP) 등 보다 구체적인 검사를 종합하여 특정 질병에 관한 진단 업무를 수행하고 있다. 여러 가지 검사 항목들 중에서도 수의임상병리학 교실에서는 혈액검사, 혈액가스검사, CRP 검사를 많이 수행하고 있다. 혈액검사는 가장 기본적인 검사로 쉽고 빠르게 반려 동물의 건강상태에 대한 정보를 얻을수 있고, 혈액가스검사는 혈액 내 산소 및 이산화탄소의 농도와 함께 전해질, 산염기 상태를 평가하여 환자의 치료 방향을 결정하는 검사로 응급상태의 중환자에게 사용된다. CRP는 급성 염증기에 혈중농도가 증가하는 단백질 중 하나로 체내 염증상태를 즉각적으로 반영한다고 볼 수 있어서 수술 후 염증 모니터링에 유용하게 사용된다. 이러한 검사 항목들은 아픈 동물의 건강상태를 체크하며, 치료 방향과 예후를 평가하는 데 사용되고 있다.

● 수의전염병학(Veterinary Infectious Diseases)

수의전염병학 교실은 1980년 3월 개설되었으며, 국내외 동물에서 발생하는 전염성 질병들 중 임상학적 · 경제학적 · 사회학적 및 국제적으로 중요시되는 질병들에 대하여 원인체의 특성, 역학적 특성, 임상증상 및 병리학적 변화를 바탕으로 효율적인 진단 및 예방에 관하여 연구를 수행하고 있다. 본 교실에는 각종 전염성 바이러스를 분리할 수 있는 세포배양 시설 및 종란 접종 시설을 보유하고 있고 전염성질병 진단 및 특성 분석을 위한 PCR 기기 및 분석장비 등을 구비하고 있다. 수의전염병학은 미생물학, 면역학, 병리학, 분자생물학 등을 근간으로 하는 종합학문이다. 본 교실에서는 학부과정에 대 · 중 · 소동물에서 중요한 전염성 질병에 대하여 강의하고, 대학원 과정에서는 이들 질병의 근본적인 예방 및 대책을 수립하기 위한 발병기전, 진단법 및 예방법 개발 등에 관하여 강의 및 연구를 진행한다.

● 조류질병학(Avian Diseases)

조류질병학이란 닭과 오리 등 가금뿐만 아니라 야생조류 등 모든 종류의 조류에게서 발생 하는 세균, 바이러스, 기생충 등에 의한 전염성 질병과 영양성, 중독 및 독소성, 대사성 요인에 의한 비전염성 질병에 대해 연구하고 진단법, 예방법 및 치료법 등을 개발하는 학문이다. 본 교실의 교육과정으로 학부생은 조류질병학 이론 · 실습 교육을 통해 질병관리 필수사항을 교육하고, 대학원생은 가금질병학 특론, 야생조류질병학 특론, 조류면역학, 조류질병진단기법 등 보다 체계적이고 심도 있는 교육을 제공한다. 또한, 아카데미기초 · 심화교육과 산업체 현장실습 인턴십 등 대학원 진학 및 진로 탐색의 기회를 제공한다. 연구 분야에서는 조류인플루엔자(AI)를 비롯한 국가재난형질병 및 생산성저하질병의 방제 기술 체계화와 예방백신, 진단, 소독제, 면역보조제, 동물의약품 효능평가, 기초 · 기전, 역학, 방역 등 질병 전주기적 기술을 개발 · 연구하여 현장기술을 지원함으로써 국가 사회적 · 경제적 손실 예방에 기여한다. 농림축산검역본부 지정 병성감정기관으로서 가축 전염병 발생원인 구명 및 역학조사에 대한 기초자료 제공과 야생조류의 질병예찰을 통해 조류질병 전파 및 확산 방지 등 국가적 산업적 방역활동에도 참여하고 있다. 졸업 후에는 농림축산식품부 · 농촌진흥청 · 농림축산검역본부 등 공무원, 농장동물임상 수의사, (주)하림 · 동우 등 축산물 생산 전문회사, 베링거인겔하임, 바이엘 등 동물약품 회사 등 다방면에서 활동할 수 있다.

학생부종합전형 학교활동

의학계열 열풍과 대졸 취업난으로 인해 수의예과 수시모집 학생부종합전형 내신 합격선과 경쟁률은 매년 높아지는 추세다. 하지만 학생부종합전형을 잘못 이해하고 일회성 활동을 많이 나열하기보다는 실험 하나라도 진득하게 매조지길 권한다. 활동의 양보다는 진정성 있는 활동 하나가 고만고만한 학생부들 사이에서 더욱 빛날 것이기 때문이다. 깊이가 없이 소재로만 존재하는 학교활동은 좋은 평가를 받기 어렵다. 예컨대 '생활과 과학' 과목에서 항생제의 역사를 배운 후 지적 호기심이 생겼다면, 거기서 머물지 말자. '항생제를 비롯한 약물의 오남용 사례를 조사하고, 그것이 건강에 미치는 영향'이 무엇인지 조사하여 보고서를 작성하고 발표하는 일련의 활동을 했다면, 이 학생은 성장한 것으로 평가자는 판단할 것이다.

어렵게 생각할 필요 없다. 간단한 활동부터 시작해보자. '과학사' 과목에서 백신의 역사를 배웠다면, 국가별 코로나19 예방 포스터와 대응을 비교하는 보고서를 작성하고 발표하자. 대학 진학 후에도 평가는 보고서 제출과 프레젠테이션이 그 핵심이기 때문이다. 자연계 학생들에게도 요구되는 중요한 학업 역량은 쓰기와 말하기다. 또한 쓰기와 말하기의 전제 활동은 독서다. 『최재천의 인간과 동물』을 읽은 후 수의예과로 진로를 결정했다면, 『동물 해방』, 『죽음의 밥상』을 통해 호기심과 역량을 확장하는 책읽기를 시도해보자. 찰스 다윈은 "갈라파고스 제도에 사는 핀치새의 부리의 모양과 크기가 왜 다를까?"라는 궁금증에서 『종의 기원』의 영감을 받았다. 이렇듯 공통점과 차이점을 찾는 비교·대조의 탐구방법은 모든 과학자가 수행하는 연구방법론이다. 수의예과와 관련 있는 사상·실험·인물·주제가 있다면 관련 책들을 읽고 비교하고 대조해보자.

동아리도 괜찮은 활동이다. 동아리 구성원들과 공통 주제를 정한 후, 각각 자신의 의견을 보고서로 작성하고 세미나를 열어서 토론해보자. 그리고 토론에서 모아진 심화 내용으로 동아리 활동집을 만들어보자. 수의과대학 전공 공부가 고등학교 생명과학이나 화학

교과목과 밀접한 관련이 있기 때문에 과학실험 활동은 괜찮은 심화주제탐구활동이다. 예컨대, 교내 과학동아리를 통해서나 아니면 대학과 연계해 실험할 기회가 생긴다면 아세트아미노펜의 간독성실험이나, 아스피린 합성실험 등 대학에서 진행하는 실험들을 해보는 것도 추천하고 싶다. 아스피린 합성실험은 키트를 구입해 간단히 해볼 수 있다. 먼저 '아스피린 키트'를 구입해 아스피린 합성실험을 한 후 그 작용기전을 알아보는 그룹 프로젝트를 진행해보자. 아스피린이 아니어도 자신의 관심 있는 약을 하나 정해 직접 어떤 성분이 있고 어떤 작용으로 병을 치료하는지 조사하여 보고서를 작성하고 발표하면 된다. 이때도 마지막은 보고서 제출과 프레젠테이션임을 잊지 말자.

또한, 수의학은 동물과 사람 그리고 환경의 유기적인 건강의 가치를 추구하는 학문이니 만큼 수학, 과목 교과뿐만 아니라 윤리와 사상, 생활과 윤리, 보건, 철학, 심리학, 논리학 등의 교과목 관련 활동도 권하고 싶다.

그럼 이제 수의과대학 전공을 이해하는 데 도움이 되는 교과연계활동을 '통합과학', '과학탐구실험', '과학사', '생활과 과학', '화학', '생명과학', '융합과학' 교과서 내용과 탐구활동에서 실마리를 찾아보자.

● **교과서 탐구생활**

산화를 막아라

1. 문제 인식

과일이나 채소에 많이 포함된 바이타민 C는 항산화제로 알려져 있다. 항산화제란 다른 물질이 산화되는 것을 막아주는 물질을 말한다. 바이타민 C는 우리 몸속에서 어떻게 항산화제로 작용할 수 있는 것일까?

2. 활동하기

바이타민 C가 항산화제로 작용할 수 있는 원리를 알아보고, 여러 가지 음료 속에 바이타민 C가 얼마나 들어 있는지 검출해보자.

〈준비물〉
■ 아이오딘-녹말 용액 ■ 바이타민 C 용액 ■ 여러 가지 음료(녹차, 레몬주스, 탄산음료 등)
■ 비커 ■ 시험관 ■ 시험관대 ■ 스포이트 ■ 유리 막대 ■ 보안경 ■ 실험용 고무장갑
■ 실험복

❶ 시험관에 아이오딘-녹말 용액을 5mL를 넣자.

❷ 스포이트를 사용하여 과정 ❶의 시험관에 바이타민 C 용액을 한 방울씩 계속 넣으면서 잘 젓고, 색깔 변화를 관찰해보자.

❸ 바이타민 C 용액 대신 여러 가지 음료를 넣으면서 위의 과정을 반복해보자.

3. 정리하기

❶ 아이오딘-녹말 용액의 색이 사라지는 까닭을 조사해보고, 이것으로부터 바이타민 C가 우리 몸속에서 어떤 역할을 하는지 토의해보자.

❷ 깎아놓은 사과의 표면에 바이타민 C 용액을 뿌려놓으면 어떤 효과가 있을지 예상해보고, 그 까닭을 설명해보자.

4   미래N에서 펴낸 『통합과학』 교과서에서 발췌

■ 다음은 속이 쓰릴 때 복용하는 제산제를 설명한 것이다.

위액 속에는 산성 물질인 위산이 들어 있는데, 위산의 주성분은 강산인 염산(HCl 수용액)이다. 따라서 위산이 과다하게 분비되면 위벽이 헐어 속 쓰림을 느끼게 된다. 이때 복용하는 것이 제산제인데, 제산제는 염산과 반응하여 산성의 세기를 줄여준다. 제산제에는 주로 약한 염기성 성분인 탄산수소나트륨($NaHCO_3$), 수산화 마그네슘($Mg(OH)_2$) 등이 들어 있다.

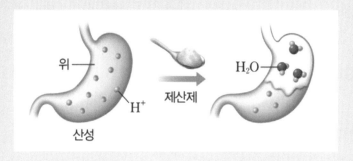

❶ 제산제 성분인 수산화 마그네슘과 염산의 반응을 화학 반응식으로 써보자.

❷ ❶의 화학 반응식을 참고하여 중화 반응이 산화 환원 반응인지 아닌지를 추론해보고, 그 까닭을 설명해보자.

● **교과서 탐구생활**

소화제의 효과 확인하기

1. 목표
소화제의 종류에 따른 영양소 분해 정도를 비교하여 소화제에 적용되는 과학 원리를 파악할 수 있다.

2. 준비물
두 종류의 소화제, 아이오딘-아이오딘화 칼륨 용액, 1% 녹말 용액, 5% 수산화나트륨 수용액, 1% 황산구리 수용액, 1% 알부민 용액, 증류수, 시험관, 스포이트, 비커, 온도계, 유리 막대, 막자, 막자사발, 시험관대, 보안경, 면장갑, 실험용 고무장갑, 실험복

3. 실험하기
소화제(소화 효소제)의 종류에 따른 영양소 분해 정도를 알 수 있는 실험을 다음과 같이 해보자.

❶ 두 종류의 소화제를 각각 한 알씩 막자사발에 갈아서 20mL의 증류수에 섞어 소화제 용액 A와 B를 만들자.

❷ 6개의 시험관에 다음과 같이 물질을 넣은 후 색깔 변화를 관찰해보자.

시험관	넣은 물질
1~3	1% 녹말 용약 5mL, 아이오딘-아이오딘화 칼륨 용액 1방울
4~6	1% 알부민 용액 5mL, 뷰렛 용액 1방울

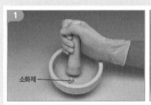
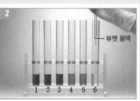

❸ 각각의 시험관에 소화제 용액 A와 B, 증류수를 다음과 같이 넣으려고 한다. 빈칸에 들어갈 알맞은 용액의 양을 쓰자.

(단위: mL)

시험관	1	2	3	4	5	6
소화제 용액 A		0				
소화제 용액 B	0				5	
증류수			5	0		5

❹ 각각의 시험관에 과정 ❸과 같이 용액을 넣은 후 유리 막대로 잘 섞자.

❺ 6개의 시험관을 37℃ 정도의 물이 들어 있는 비커 속에 약 10분 동안 넣어두자.

❻ 각 시험관 속 용액의 색깔 변화를 관찰해보자.

4. 결과 및 정리하기

❶ 과정 ❷와 ❻에서 나타난 각 시험관 속 용액의 색깔 변화를 표에 기록해보자.

시험관		1	2	3	4	5	6
색깔 변화	과정 ❷						
	과정 ❻						

❷ 소화제 용액을 넣은 후 색깔이 변한 시험관과 그 까닭을 서술해보자.

구분	색깔이 변한 시험관	까닭
소화제 용액 A		
소화제 용액 B		

❸ 대조군과 실험군에 해당하는 시험관을 각각 서술해보자.

■ 대조군 : _____
■ 실험군 : _____

❹ 실험 결과를 근거로 소화제 용액 A와 B에 들어 있는 소화 효소를 각각 서술해보자.

❺ 소화제의 종류에 따라 영양소의 분해 정도는 어떻게 다른지 실험 결과를 근거로 토의하여 정리해보자.

❻ 소화제의 종류에 따라 영양소의 분해 정도를 비교한 실험에서 개선할 점을 서술해보고, 새로운 실험 방법을 제안해보자.

개선할 점		
새로운 실험 방법		

❼ 소화 불량으로 안전 상비 의약품에 속하는 소화제를 먹으려는 친구에게 어떤 소화제를 먹으면 좋을지 조언하는 글을 실험 결과를 근거로 서술해보자.

5. 활동하기

소화제 대신 무나 엿기름을 먹어도 소화 불량 증상을 개선할 수 있다. 무와 엿기름에는 어떤 영양소의 분해를 촉진하는 소화 효소가 들어 있는지 확인하는 실험을 설계해보자.

식물 추출물에 항생 물질이 들어가 있는지 확인하기

1. 목표

탐구 대상 식물에서 추출물을 얻고, 이 추출물에 항생 물질이 들어 있는지 확인할 수 있다.

2. 준비물

탐구 대상 식물, 식빵, 증류수, 에탄올, 전열 기구, 전자저울, 거름종이, 비커, 깔때기, 핀셋, 수조, 페트리 접시, 칼, 초시계, 네임펜, 보안경, 면장갑, 실험용 고무장갑, 실험복

3. 실험하기

❶ 탐구 대상 식물에서 추출물을 얻을 부위(재료)를 각각 5g과 10g씩 준비해두자.

❷ 증류수 50mL가 들어 있는 비커 2개에 재료 5g과 10g을 각각 넣고 같은 시간 동안 가열하여 추출물 A와 B를 얻자.

〈재료의 양을 서로 다르게 하여 추출물 A와 B를 얻는 까닭을 서술해보자〉

❸ 추출물 A와 B를 식힌 후 거름종이로 재료를 걸러내자.

❹ 같은 크기로 자른 식빵 조각 3개를 준비해두자.

❺ 같은 양의 증류수, 추출물 A, 추출물 B가 들어 있는 페트리 접시에 식빵 조각을 각각 5초 동안 담갔다가 꺼내자.

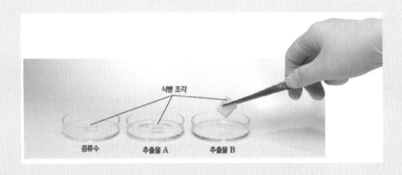

〈식빵 조각을 증류수에 담그는 까닭을 서술해보자〉

❻ 과정 ❺의 식빵 조각 3개를 각각 새로운 페트리 접시에 담아 동일한 곳에 두고 시간이 지날수록 어떤 변화가 일어나는지 관찰해보자.

〈추출물에 항생 물질이 들어 있다면 시간이 지날수록 식빵 조각에서 어떤 차이가 생길지 예상해보자〉

❼ 증류수 대신 유기 용매를 사용하여 과정 ❶~❻에서와 동일하게 실험을 한 번 더 수행해보자.

4. 결과 및 정리하기

❶ 식빵 조각에서 일어난 변화를 쓰고, 사진을 찍어 붙여보자.

❷ 선정한 식물 재료에 천연 항생 물질이 들어 있는가? 그렇게 생각한 까닭을 서술해보자.

❸ 이 실험에서 보완하거나 개선해야 할 사항이 있으면 서술해보자.

❹ 식물 추출물에 항생 물질이 들어 있는지 확인하는 과정에서 연구 윤리와 실험 안전 사항을 어떻게 지켰는지 발표해보자.

디스크 확산법

1. 목표

디스크 확산법을 이용하여 항생 물질로서의 효과를 측정하는 원리를 설명할 수 있다.

2. 자료 해석하기

❶ 어떤 물질이 항생 물질로서 효과가 있는지를 객관적으로 확인하기 위해 디스크 확산법을 이용한다. 디스크 확산법이 무엇이며, 항생 물질의 효과를 어떻게 측정하는지 알아보자.

> 디스크 확산법에서는 고체 배지에 세균 등의 미생물을 골고루 도포한 후, 항생 물질로서의 효과를 측정하고자 하는 시험 물질을 처리한 원형 여과지를 배지 위에 올려놓는다. 그리고 이 배지를 세균 배양기에서 일정 기간 동안 배양한다. 배양하는 동안 여과지에 처리된 시험 물질은 배지 주변으로 확산되며, 만약 시험 물질이 항생 물질로 작용한다면 여과지 주변에는 세균이 자라지 못하는 생장 저해 구역이 형성된다. 확산된 시험 물질의 농도는 여과지에서 멀어질수록 낮아지므로 생장 저해 구역의 지름을 통해 항생 물질로서 효과가 얼마나 큰지 측정할 수 있다.
>
>
>
> 시험 물질을 처리하지 않은 여과지
>
> 고체 배지에 세균 등의 미생물을 도포한다. · 항생 물질이 들어 있는 시험 물질 여과지 주변에는 세균이 자라지 못한다. · 생장 저해 구역

■ 효과가 큰 항생 물질일수록 생장 저해 구역의 지름이 클까, 작을까, 혹은 차이가 없을까? 그렇게 생각한 까닭을 서술해보자.

❷ 그림은 디스크 확산법 결과를 나타낸 것이다. 여과지 A~F에는 표와 같이 물질의 종류와 농도를 다르게 처리하였다. (단, 물질 (가)~(라)는 모두 증류수를 이용해 녹였다.)

여과지	A	B	C	D	E	F
처리한 물질	?	(가)	(나)	(다)	(라)	(라)
용액의 농도(%)	?	1	1	1	1	?

■ 여과지 A가 대조군이 되려면 물질과 용액을 어떻게 처리해야 할까?

■ (가)〜(라) 중 항생 물질로서 효과가 가장 큰 것은 무엇일까? 그렇게 생각한 까닭을 서술해보자.

■ F에 처리한 (라)의 농도는 1%보다 높은가, 낮은가? 그렇게 생각한 까닭을 서술해보자.

3. 실험 설계하기

탐구 3에서 찾은 식물 추출물에 항생 물질이 들어 있는지 디스크 확산법으로 확인하는 실험을 설계해보자.

준비물	
실험 과정	
예상되는 실험 결과	

● 교과서 읽기 자료

▰▰▰▰ 독일의 화학 산업과 제약의 발전 ▰▰▰▰

근현대 제약 산업의 발전은 화학의 역사와 궤를 같이한다고 해도 과언이 아닐 만큼 인간의 생명을 구하기 위한 약의 탐색과 제조는 화학연구의 중요한 동력이었다. 인류 문명이 시작된 이래 경험적으로 얻은 지식들을 축적하여 이룩한 민속의학적이고 본초학적인 자료들을 통해 인류는 생약에 대한 효능을 알고 있었다. 그러나 이들에 대한 화학적 인공합성과 대량생산에의 도전은 당시로서는 어려운 과제였고, 같은 효능을 낼 수 있는지에 대해서도 의심스러운 점들이 남아 있는 상태였다. 뵐러의 연구를 통하여 생명체에서의 신비주의가 걷혀나가고 생명체의 부산물인 생약 역시 화학적 구조가 존재하며 이것에 대해서 화학자들에 의한 연구실의 인공합성이 가능하다는 희망을 가지게 되었고, 이것은 바로 신약연구의 동력이 되었다.

유럽에서의 제약 산업에는 두 지류의 뿌리가 있는데 하나는 모르핀이나 퀴닌과 같은 생약을 취급하던 지역 약국들이 확장되어 나간 경우와, 1800년대 후반 독일의 염료 생산자들에 의해 콜타르와 같은 석유 화학을 통해 유기 물질을 정제하는 데 성공하고 유기 합성법을 이용하여 이것으로 공업적 제약을 시작한 경우이다. 물론 기원전 시기부터 인류는 나무껍질이나 식물의 열매를 채집하여 만든 침출액과 같은 생물학적 방식을 통해 병을 치료해왔다. 그러나 대규모 사상자가 발생하는 세계대전을 경험하면서 인근지역에서 채집한 생약만으로는 넘쳐나는 야전병원의 환자들을 감당할 수 없는 안타까움을 느끼게 된다. 뿐만 아니라 14세기 흑사병과 함께 1918년~1919년 사이 전 인류의 6%나 되는 사망자를 낸 스페인 독감과 같은 대규모 감염병을 겪으면서 의약품의 신속한 대량 공급의 필요성을 절감하게 된다. 초기의 신약 개발은 화학적으로 유기 합성되는 방식으로 이루어지기보다는 생체에서 활성물질을 포함한 추출물을 정제하는 방식으로 약품을 개발하였다. 대표적인 예가 1890년대에 부신 호르몬 에피네프린과 관련된 역사이다. 1886년 5월 윌리엄 베이츠가 이 물질의 발견을 보고한 이래 계속 생체 추출물 형태로 이용되고 연구되다가 1904년 독일의 화학자 프리드리히 스톨츠(Friedrich Stolz)가 인공적으로 합성함으로써 비로소 대량생산될 수 있는 약으로서의 길이 열렸다. 이후 에피네프린은 우리가 잘 알고 있는 '아드레날린'이라는 상품명으로 시판되게 된다.

---

6   씨마스에서 펴낸 「과학사」 교과서에서 발췌

아들의 따뜻한 마음이 담긴 약 아스피린

아스피린은 연간 40,000톤 이상이 생산되는 중요한 약이며, 수천 년 전부터 인류역사와 함께 해온 약품이다. 기원전 500년경 히포크라테스가 버드나무 껍질을 달여서 통증의 경감에 사용한 기록이 있고 이 성분이 살리실산(Salicylic acid)임을 후대의 학자들이 알게 된다. 1828년 요한 안드레아스 뷰흐너가 버드나무에서 쓴맛 나는 노란 결정을 찾았고, 버드나무의 라틴어 학명인 Salix의 이름을 따서 살리신(Salicin)이라는 이름을 붙이게 되었다. 1897년 살리신산의 부작용을 경감시키고자 독일의 화학자 펠릭스 호프만(Felix Hoffmann, 1868~1946)이 바이엘 제약회사에 근무하던 중 개발한 것이 우리가 잘 알고 있는 '아스피린'이다. 펠릭스는 살리실산이 특유의 쓴맛과 섭취 시 위장 점막을 손상시키는 것을 막고자 아세틸살리실산을 개발했고 이것이 오늘날의 아스피린이 된다. 펠릭스의 아스피린 개발에는 아버지를 향한 효심이 숨어 있었다. 펠릭스의 아버지는 류머티스 관절염으로 고생을 하고 계셨는데, 진통제로 살리실산을 먹던 아버지는 늘 소화불량으로 고생을 했다. 펠릭스는 아버지의 소화불량이 조팝나무 껍질의 나트륨염 때문임을 알아내고 이것을 대체할 물질의 합성에 성공하게 된 것이다.

화학적 합성을 통한 인슐린의 대량생산

발병기전에 대한 연구는 생물과 의학이 해냈을지 모르지만, 약리적 기전과 생약의 화학성분을 동정하고 이를 복제하여 대량생산한 화학자들의 노력이 없었다면 오늘날 우리가 일상생활에서 만나는 수많은 의약품들은 볼 수 없었을 것이다. 이러한 사례는 현대 화학이 자리를 잡아가던 시기에 많이 나타났는데 당뇨병과 관련된 연구에서도 찾아볼 수 있다.

1800년대 후반부터 1900년대 초반까지 일련의 실험들을 통해서 당뇨병은 췌장이 일상적으로 만드는 물질의 부족 때문에 발병한다는 것이 밝혀졌다. 1869년 오스카 민코스프키(Oscar Minkowski)와 요제프 폰 메링(Joseph von Mering)은 외과 수술을 통해 개의 췌장을 제거하면 당뇨병을 일으킬 수 있다는 것을 발견했다. 1921년 캐나다 교수 프레더릭 밴팅(Frederick Banting)과 그의 학생 찰스 베스트(Charles Best)는 이 연구를 반복했고, 췌장 제거로 나타난 증상은 췌장 추출물의 주사를 통해 반전된다는 것을 발견했다. 그 췌장 추출물이 사람에서도 작용한다는 것이 곧바로 증명되었지만, 일상적인 의료 절차로서 인슐린 요법의 개발은 지연되었다. 충분한 양과 재현할 수 있는 순도를 가진 인슐린을 생산하는 것이 어려웠기 때문이다. 일라이릴리앤컴퍼니(Eli Lilly and Company)의 화학자 조지 왈든(George Walden)은 추출물 pH의 조심스러운 조정을 통해서 상대적으로 순수한 인슐린을 생산할 수 있다는 것을 발견했다. 이때 인슐린 정제 및 합성에 대해 알게 된 다양한 나라의 과학자들과 기업들은 비독점적 인슐린 생산에 합의하게 되고, 오늘날과 같은 인슐린의 대량생산에 첫발을 내딛게 된다. 인슐린 요법이 개발되고 널리 퍼지기 이전에는 당뇨병 환자의 기대수명은 단지 몇 개월이었다는 측면에서 화학연구를 통한 약물의 대량생산이 주는 효과는 엄청나다.

항생제들의 조상님 페니실린이 우리 곁에 오기까지

1928년 알렉산더 플레밍(Alexander Fleming)은 페니실린(penicillin)의 항 박테리아 작용을 발견했지만, 사람 질병의 치료를 위한 개발은 페니실린의 대량생산과 정제 방법을 개발할 때까지 기다려야 했다. 이 방법들은 미국과 영국 정부 주도로 의약품 회사들의 협력단에 의해 2차 대전 중에 개발되었다. 특히 이 과정에서 워터 플로리와 언스트 체인의 물질분리와 화학적 합성이 없었다면 제2차 세계대전에서 수많은 병사들은 항생제의 도움을 받을 수 없었을 것이다. 이러한 공로를 인정받아 이들은 1945년에 노벨 생리-의학상을 공동수상하게 된다.

그러나 우리가 플레밍이 페니실린을 단독 발견하고 개발한 것으로 잘못 알게 된 것은 전기작가들이 허구로 만들어낸 내용들 때문이다. 플레밍은 페니실린을 '발견'한 것이고 사실상 페니실린계 항생제를 만들어 사람들을 구한 것은 플로리와 체인이 있었기 때문이다. 덧붙여 제2차 세계대전에서 처칠이 페니실린 덕분에 목숨을 구한 일화 역시 사실이 아니며, 실제로는 설폰아미드 계열의 다른 항생제였다.

이와 같이 화학자들의 끝없는 연구를 통해 인류를 질병에서 구할 약물들을 대량생산할 수 있게 되고, 오늘날까지도 신약 개발은 화학연구의 중요한 축을 이루고 있다.

4차 산업혁명과 신약 개발

과거 신약의 발견은 페니실린과 같은 우연한 발견(serendipity), 전염병에 의한 무작위 검사(random screening), 천연물로부터 추출(extraction from natural resources), 기존 약물의 변형(molecular modification) 등에 의존했지만 현대의 신약개발은 합리적 설계(rational drug design)를 기반으로 하고 있다. 신약개발에는 최소 10~15년의 시간이 소요되며, 비용만도 5억 달러 이상이 든다.

최근에는 컴퓨터의 데이터베이스를 이용한 인 실리코(in silico) 접근을 통해 신약 개발을 하기도 한다. 이 과정에서 AI(인공지능)를 활용하여 기존의 신약개발 방식이 혁신되고 있다. 기존 신약개발에는 막대한 비용과 시간이 필요했다. 대략 5,000~1만 개의 신약 후보 물질을 탐색하면 10~250개 물질이 세포나 동물을 이용한 비임상시험 단계에 진입하고, 여기서 10개 미만의 물질이 실제 사람에게 투여하는 임상 시험에 돌입해 3단계에 걸친 시험을 거쳐 하나의 신약이 탄생하게 된다. 이 과정에 걸리는 시간만 평균 10~15년에 달하고, 1조 원이 넘는 자금이 투입된다.

신약 개발에 AI를 적용하면 기존 과정에 투입되던 시간과 비용을 크게 줄일 수 있을 것으로 기대된다. 기존 2~3년이 걸리던 신약 후보 탐색 기간을 대폭 단축할 수 있고, 부작용 우려가 있는 후보 물질을 걸러 신약 개발 성공률을 높일 수 있다. 또 고액의 약품과 효과가 같은 저렴한 물질을 찾거나 기존에 신약으로 개발에 실패한 물질에서 새로운 효능을 찾아내는 일도 가능하다.

● 교과서 탐구생활

1. 정리하기

현대 화학이 새로운 소재의 개발에 나설 수 있게 된 것은 어떤 생각과 연구 결과물들이 뒷받침되었기 때문인지 한두 줄로 정리해보자.

2. 확인하기

항생제 페니실린이 전장(戰場)에 공급되고 세계대전의 부상자들을 사선에서 구할 수 있었던 결정적 이유는 무엇인가?

3. 생각 넓히기

오래전에 미국화학회(ACS) 회장인 브레슬로 교수는 이 세상에 존재하는 분자 중에 화학 물질이 아닌 것을 찾아서 가져오면 상금을 주겠다는 광고를 냈고, 이에 많은 사람들이 열광적으로 응모했다. 결과는 어떻게 되었는지 알아보자. 그리고 화학 물질을 쓰지 않고 하루를 살기가 가능한지 시험해보자.

● 교과서 읽기 자료

질병은 왜 걸리는 것일까?

파스퇴르는 1861년에 미생물이 배양 배지에서 저절로 생기는 것이 아니라 기존에 존재하던 미생물의 번식으로 생긴다는 것을 증명하기 위해 백조의 목처럼 가늘고 길게 구부러진 관을 단 플라스크를 사용했다. 공기는 플라스크에 들어갈 수 있으나 먼지 입자는 플라스크의 아랫부분까지 도달할 수 없었다.

파스퇴르는 이미 존재하고 있던 모든 미생물이 죽도록 플라스크와 그 안에 든 액체를 충분히 가열한 후 배양이 일어나도록 플라스크를 방치했다. 그러나 플라스크 안에는 미생물의 성장이 나타나지 않았다. 이어 파스퇴르는 플라스크를 기울여 멸균된 고기 스프가 플라스크의 구부러진 부분에 닿게 했다. 그러자 미생물의 성장이 곧 일어났다. 이를 통해 파스퇴르는 아무리 작은 미생물이라도 저절로 생겨나지 않는다는 사실을 증명했다.

1873년 당시 양계장에서 콜레라가 유행하여 닭 90%가 죽는 바람에 농민들은 파산 위기에 놓였다. 파스퇴르는 병에 걸린 수평아리의 피에서 닭 콜레라균을 채취하여 인공적으로 배양함으로써 병의 원인을 밝혀냈다. 파스퇴르는 콜레라균을 금방 채취한 것을 사용하지 않고 오래된 것을 닭에게 감염시켰는데 증상이 나타나는 듯하다 원래대로 정상적인 상태가 되었다. 이를 통해 파스퇴르는 제너의 종두법의 원리가 다른 상황에서도 적용된다는 것을 확인하게 됐다.

---

7   대구광역시 교육청이 펴낸 『생활과 과학』 교과서에서 발췌

전염병의 원인은 무엇일까?

1900년대 초까지만 해도 선진국의 평균 수명은 40세 정도에 불과했다. 당시에는 전염병으로 많은 사람이 죽었고 그에 대한 원인도 잘 몰라 적절한 대처를 하지 못했다. 코흐(Robert Koch, 1843~1910)는 질병의 원인이 세균이라는 것을 밝혀내고 많은 병원균을 분리해냈다. 코흐의 첫 연구 주제는 탄저병이었다. 당시 유럽의 여러 지역에서는 탄저병이 크게 유행하여 양과 소는 물론 사람도 죽는 경우가 발생했다. 코흐는 탄저병에 걸린 동물의 혈액을 쥐에게 주사했는데, 쥐는 다음 날 죽었다. 죽은 쥐의 혈액을 현미경으로 관찰했더니 세균이 다수 발견되었다. 이어서 세균을 직접 배양하여 그것을 다른 동물에 주입했더니 탄저병이 발생했다.

두 번째 동물에서 채취한 혈액을 세 번째 동물에 주입해도 역시 탄저병이 발생하였다. 결국 코흐는 몇 백 번에 걸친 실험 끝에 탄저병의 원인이 특정한 세균이라는 점을 밝혀냈다. 이러한 연구 결과를 통해 1876년 코흐는 현재 세균학의 기초적인 원리가 되는 '코흐의 공리'를 확립했다. 특정한 세균이 질병을 일으킨다는 사실을 증명하기 위해서는 4가지 단계가 필요하다는 것이다. 즉, 병든 동물의 조직에서 모두 같은 균이 인정될 것, 의심이 되는 균을 분리하고 순수 배양하는 것이 가능할 것, 균을 건강한 동물에 주사하면 같은 증상을 일으킬 수 있을 것, 병에 걸린 동물에서 같은 균을 분리할 수 있을 것이다.

코흐의 공리는 많은 의학 연구자에게 훌륭한 지침이 되었다. 탄저균은 탄저병만 일으킬 뿐 다른 병을 일으키지 않는다. 이와 마찬가지로 전염병에도 각기 다른 원인이 되는 세균이 있을 것으로 생각할 수 있었다. 이에 따라 다양한 병원균이 발견되었고 코흐 이론의 가치와 코흐의 재능이 인정받기 시작했다. 이후에 코흐는 디프테리아균, 파상풍균, 폐렴균, 뇌척수막염균, 이질균, 결핵균, 콜레라균 등을 발견했다.

1. 천연두는 어떻게 예방할 수 있을까?
① 18세기 말 영국의 제너 : 소의 천연두인 우두의 부스럼에서 액체를 채취하여 핍스의 오른팔에 접종함.
　→ 핍스는 천연두 증세가 전혀 나타나지 않았음. → 핍스의 몸에는 천연두에 대한 면역이 생김.

소젖을 짜는 　　넬메스의 　　핍스는 우두를 　천연두 환자로부터 　핍스에게 　　핍스는
사라 넬메스는 　우두 고름을 　약하게 앓음. 　부스럼을 수집함. 　천연두의 　　감염되지 않음.
우두에 감염됨. 핍스에게 　　　　　　　　　　　　　　　부스럼을
　　　　　　　 주사함. 　　　　　　　　　　　　　　주사함.

〈우두 접종 과정〉

② 종두법 : 우두를 사람의 피부에 접종하여 천연두에 면역이 생기게 하는 방법.
  → 1807년 독일의 바이에른 주가 세계 최초로 의무화.
  → 1879년 우리나라 지석영이 종두법을 처음으로 실시함.

③ 병원성 미생물 침입에 대한 인간의 면역 반응.
  • 선천성 면역 : 태어나면서 가지고 있는 면역, 신속히 감염을 막음. 기억 작용 없음.
  • 후천성 면역 : 항원 1차 침입 시 감염체에 대한 항체 만들 때까지 반응 더딤.
                 항원 2차 침입 시 기억 작용으로 같은 항원 감염 시 빠르게 반응.

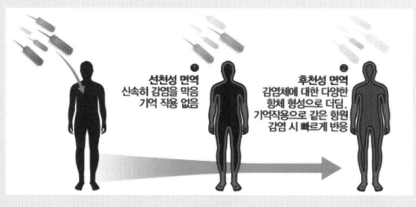

〈면역〉

〈 2차 면역과 백신 〉
백신은 약화된 병원체를 이용하는 것.
이렇게 약화된 병원체를 예방 주사로 접종하면 체내에 기억 세포가 형성되어 동일 항원이 재침입
하였을 때 신속하게 2차 면역 반응이 일어나 병에 걸리지 않음.

2. 질병은 왜 걸리는 것일까?
1) 파스퇴르 : 의사보다 더 많은 사람을 살린 과학자.
① 백조목 플라스크 실험 : 당시 사람들은 '생물은 축축한 진흙에 햇빛이 비칠 때 우연히 발생한
   다'고 믿고 있었는데 파스퇴르는 백조목 플라스크 실험을 통해 이를 반박함.

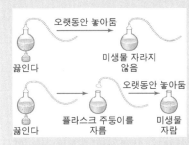

〈파스퇴르의 백조목 플라스크 실험〉

• 고대 과학자들이 믿어온 학설
: 비생물적 요소에서 저절로 생물이 발생한다.
• 파스퇴르의 주장
: 미생물은 기존의 미생물의 번식으로 생긴다.
• 미생물 실험의 조작변인(다르게 해주는 실험조건)
: 한 플라스크는 공기의 먼지입자(고기 수프)와
  접촉시킨다.
• 실험 결과
: 끓인 플라스크—미생물X 공기와 반응—미생물 생김
• 파스퇴르가 증명해낸 사실
: 미생물은 저절로 생겨나지 않는다.

② 파스퇴르의 닭 콜레라 연구
  • 콜레라에 걸린 수평아리의 피에서 콜레라균을 채취. → 인공적으로 배양.
  • 오래된 콜레라균. → 닭에게 감염. → 증상이 나타나다 정상적 상태가 됨.
  • 제너의 종두법이 다른 상황에서도 적용된다는 것을 확인함.

③ 탄저병 백신 발견 : 프랑스에서 탄저병으로 많은 양과 소가 떼죽음을 당하자 파스퇴르는 탄저
  병의 원인이 되는 세균을 분류하고 예방 백신을 개발함.
  • 탄저병의 원인이 되는 세균 분류 → 탄저병 예방할 수 있는 백신을 개발.
  • 백신을 투여한 동물은 건강하게 살아남았으나, 그렇지 않은 동물은 죽었음.

〈파스퇴르의 탄저병 백신 접종〉

〈탄저병 실험〉

3. 전염병의 원인은 무엇일까?
① 코흐(1843~1910) → 질병의 원인이 세균이라는 것을 밝혀내고 많은 병원균을 분리함.
② 코흐의 탄저병 연구
  • 탄저병에 걸린 동물의 혈액을 쥐에게 주사 → 쥐 죽음. 죽은 쥐에게 다수의 세균 발견.
    세균을 배양하여 다른 동물에게 주입했더니 → 탄저병 발생.

- 두 번째 동물에서 채취한 혈액을 세 번째 동물에게 주입 → 탄저병 발생.
- 탄저병의 원인: 특정한 세균
- 세균학의 기초적인 원리 '코흐의 원리' 4단계

1) 병든 동물의 조직에서 모두 같은 균이 인정될 것

2) 의심이 되는 균을 분리하고 순수 배양하는 것이 가능할 것

3) 균을 건강한 동물에 주사하면 같은 증상을 일으킬 수 있는 것

4) 병에 걸린 동물에서 같은 균을 분리할 수 있을 것

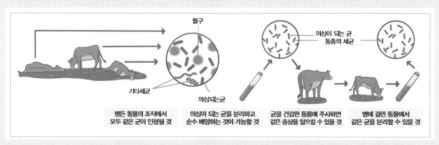

〈코흐의 공리〉

③ 각 전염병에는 각기 다른 원인이 되는 <u>세균</u>이 있을 것으로 생각할 수 있었음.
- 디프테리아균, 파상풍균, <u>폐렴균</u>, 뇌척수막염균, 이질균, <u>결핵균</u>, 콜레라균 등 발견.

4. 질병 퇴치를 위해 자신을 실험 대상으로 한 사람들은?

① 1980년대까지 과학자들은 위산 때문에 위에서는 박테리아가 살 수 없다고 생각함.
배리 마샬 → 배양 중인 헬리코박터균을 직접 마셔서 헬리코박터균이 <u>위장병</u>의 주원인임을 증명함.
  → <u>항생제</u>로 치료가 가능함을 증명함.

② 월터 리드 → <u>모기</u>가 황열병을 옮긴다는 사실을 발견: 동료들과 군인들에게 인체 실험을 함.

③ 아우구스토 오도네 → '유전성 희귀 신경 질병 부신백질이영양증'에 걸린 아들을 위해 의학·과학 공부에 매진하여 올리브 오일 등에서 추출한 성분으로 '로렌조 오일'을 만들어 아들 로렌조는 30세까지 살 수 있었음.

교과서 탐구활동

백신의 역사

■ **다음을 읽고 물음에 답하시오.**

메리 몬태규는 아름다운 여성이었다. 이 여성은 1715년 천연두에 걸렸다가 나았지만 그 흉터가 겉에 남아 있었다. 메리가 1717년 터키에서 살고 있을 때 그녀는 그곳에서 흔히 사용하는 종두법을 목격하게 되었다. 이 치료법은 젊고 건강한 사람에게 경미한 천연두균을 피부를 긁어 주입시켜, 병을 앓게 하는 과정을 포함하고 있었다. 그러나 대부분 경우에 가볍게 병을 앓았다. 메리는 이러한 종두법의 안전성을 확신하였으므로 자신의 아들과 딸에게 접종받도록 하였다.

❶ 사람들이 백신 접종을 받을 수 있는 질병이 무엇인지 제시해보자.

❷ 메리의 종두법은 어떤 치료의 원리를 이용한 것인지 설명해보시오.

전염병의 예방과 위생

❶ 파스퇴르의 백조목 실험은 무엇을 증명하기 위한 것이었나?

❷ 코흐의 공리를 설명해보시오.

❸ 질병 치료를 연구할 때 인체 실험을 해야 하는 이유는 무엇인가?

항생제에 대한 내성은 어떻게 생기는 것일까?

파스퇴르와 코흐의 연구 덕분에 20세기에 들어와서는 감염성 질병이 종말을 고하는 것처럼 보였다. 그러나 감염성 질병이 줄어들면서 많은 나라의 정부에서는 공중 보건 기금을 삭감하면서 백신 접종을 하지 않는 일이 생겼다.

20세기 중반에 사라졌던 박테리아성 질병들이 다시 발생했을 뿐만 아니라 항생제에 대한 박테리아의 저항성이 더 높아졌다. 과학자들은 내성을 보이는 박테리아를 제거하기 위해 새로운 항생 물질을 약 8,000가지 정도를 찾아냈다. 그러나 모든 경우에 박테리아는 그에 대한 내성을 가지게 되었다. 이러한 각종 항생제에 대한 내성을 지닌 세균들이 등장했기 때문에 슈퍼박테리아가 발생하게 되었다.

항생 물질은 미생물을 전부 죽이는 것이 아니라 저항성이 약한 것만 죽인다. 즉, 저항성 있는 소수가 살아남을 수 있다. 이들이 번식하여 세력을 키우게 되면 기존에 쓰던 항생 물질은 영향력이 없어진다. 페니실린을 사용한 후 3년이 지난 1946년에 포도상구균 박테리아가 내성을 보이기 시작했다.

다양한 감염증을 치료하기 위한 약물을 세계적으로 대량 공급함으로써 내성이 증가한 것이다. 1952년에는 모든 포도상구균의 60%가 페니실린에 대한 내성을 나타냈다. 현재는 95%에 달한다. 메티실린은 페니실린에 내성을 나타내는 박테리아에 대한 감염증을 치료하기 위해 1960년대에 사용되었다. 다음 해에 곧 메티실린에 대한 저항성 있는 박테리아가 발견되었다.

● 교과서 탐구활동

페니실린과 세균

1952년 러더버그는 대장균을 이용하여 다음과 같은 실험을 하였다.

가. 페니실린이 없는 배지에 대장균을 배양하여 콜로니를 얻었다.

나. 배지를 멸균한 천 조각을 덮은 용기 위에 그 배지를 뒤집어 덮어 대장균의 콜로니가 천 조각에 붙게 하였다.

다. 이것을 페니실린이 든 배지로 덮어서 대장균이 새 배지에 옮겨지게 하였다.

라. 항온기 속에서 2~3일간 배양한 배지에는 대부분의 대장균이 죽었으나 맨 오른쪽 배지와 같이 살아 번식하는 대장균도 있었다.

❶ 기존의 대장균 콜로니들과 A 대장균의 차이점은 무엇인가?

❷ 페니실린과 같은 항생제를 많이 사용하면 어떤 결과가 나타날지 토의해보자.

❸ 항생제를 비롯한 약물의 오남용 사례를 조사하고, 그것이 건강에 미치는 영향이 무엇인지 조사해 발표해보자.

〈생각 넓히기〉

페니실린 이외에 현재 판매되고 있는 항생제의 종류에는 어떤 것이 있는지 조사해보자.

● 교과서 탐구활동

탄소화합물 의약품

우리 몸은 탄소 화합물로 이루어져 있으며, 우리가 먹는 음식도 탄소 화합물이다. 또, 우리 주위에는 탄소 화합물로 이루어진 물질이 많다. 탄소 화합물이란 무엇일까? 탄소 화합물은 탄소(C) 원자가 수소(H), 산소(O), 질소(N), 황(S), 할로젠(F, Cl, Br, I) 등의 원자와 결합하여 만들어진 화합물이다. C 원자는 최대 4개의 다른 원자와 공유 결합을 하는데, 다른 C 원자뿐만 아니라 H, O, N 등의 원자와도 결합을 하므로 무수히 많은 종류의 탄소 화합물을 만들 수 있다. 현재까지 알려진 탄소 화합물의 종류는 수천만 가지에 이르며, 매년 수만 가지의 새로운 탄소 화합물이 발견되거나 합성된다.

19세기 중반 45세에 불과하던 인간의 평균 수명은 오늘날 대부분의 선진국에서 80세를 넘어서고 있다. 이와 같이 인간의 수명이 연장된 데에도 탄소 화합물이 크게 기여하였다. 질병을 치료하거나 예방하는 데 사용하는 의약품들이 대부분 탄소 화합물이기 때문이다.

전 세계에서 가장 많이 팔린 의약품인 아스피린은 독일의 과학자 호프만(Hoffmann, F., 1868~1946)이 처음으로 합성하였다. 호프만은 버드나무 껍질에서 분리한 살리실산으로 아세틸살리실산이라는 탄소 화합물을 합성하였는데, 이것이 바로 해열제나 진통제로 사용하는 아스피린이다. 아스피린 이외에도 백신, 항생제, 항암제 등 질병으로 인한 인간의 고통을 덜어주는 데 큰 역할을 하는 다양한 의약품들은 대부분 탄소 화합물이다. 플라스틱과 의약품 이외에도 우리가 자주 사용하는 섬유, 비누, 합성 세제, 화장품 등이 모두 탄소 화합물로 이루어져 있다. 이와 같이 탄소 화합물은 일상생활에서 유용하게 사용될 뿐만 아니라, 우리의 생명을 유지하고 삶을 건강하며 풍요롭게 하는 데 이용된다.

---

8   비상에서 펴낸 『화학Ⅰ』 교과서에서 발췌

● **교과서 탐구활동**

아스피린 합성 실험 [1]

1. 목표
아스피린 합성 과정을 설명할 수 있고, 살리실산의 에스테르화 반응 생성물을 관찰하고 아스피린의 순도를 측정할 수 있으며, 에스테르화 반응을 이용한 다른 유용한 화합물의 합성에 관심을 가질 수 있다.

2. 과정 및 방법
가. 살리실산 2.0g을 바이알 병에 넣고, 아세트산 무수물 5mL를 가한다.
나. 여기에 인산 5방울 정도를 넣은 후, 100°C의 물 중탕에서 10분간 가열한다.
다. 반응 용기를 실온에서 식을 때까지 방치한다. 이때 아스피린의 결정이 석출된다.
라. 침전이 생기기 시작하면 반응 용기를 얼음물에 넣어 아스피린이 모두 석출되게 한다.
마. 20~30mL의 얼음물을 반응 용기에 넣고 잘 저은 후, 다시 얼음물에 넣어 침전이 완전히 생기게 한다.
바. 거름종이로 아스피린을 걸러내고 소량의 얼음물로 아스피린 결정을 씻는다.
사. 걸러낸 결정을 여러 겹의 거름종이로 싸서, 꼭 눌러 물기가 빠지게 한다.
아. 결정을 공기 중에서 건조하거나 전기 건조기 속에서 건조한 후, 무게를 달아 수득률[9]을 계산하고 녹는점을 측정한다.
자. 건조한 결정, 시판용 아스피린, 살리실산을 각각 시험관에 약간씩 넣은 후 약 3mL의 물을 가하여 녹인 다음, 1% $FeCl_3$ 수용액을 몇 방울 떨어뜨리고 흔들면서 색깔의 변화를 관찰한다.

3. 결과 및 해석
가. 아스피린 합성의 화학 반응식은?
나. 인산의 역할은?
다. 아세트산 대신 아세트산 무수물을 사용하는 이유는?
라. 반응을 진행시키기 위하여 가열하는 이유는?
마. 결정이 잘 생기도록 얼음물에 담그는 이유는?
바. 아스피린은 $FeCl_3$ 수용액과 반응하는가? 그 이유는?

〈생각 넓히기〉
현재 판매하고 있는 해열제의 성분과 효능을 조사해보자.

---

9 화학 반응을 통해 실제로 얻는 생성물의 양과 화학 반응식에 따른 이론상의 양에 대한 비율

아스피린 합성 실험 [2]

1. 목표

아스피린은 오늘날 세계적으로 많이 팔리는 약품 중의 하나이다. 살리실산과 아세트산 무수물로
아스피린을 합성해보자.

2. 과정 및 방법

❶ 비커에 살리실산 2.0g, 아세트산 무수물 4mL, 진한 황산 0.5mL를 넣고 용액이 들어 있는 비
   커를 80도 정도의 물에 약 10분간 담가둔다.
❷ 과정 ❶의 비커에 증류수 10mL를 약 5분간 조금씩 넣으면서 섞는다.
❸ 얼음물이 들어 있는 비커에 과정 ❷의 비커를 담가 냉각한 후 찬 증류수 20~30mL를 천천
   히 넣어준다.
❹ 침전이 충분히 생기면 깔때기를 이용하여 거름종이로 거른다.
❺ 거름종이 위의 고체를 소량의 찬물을 흘려 씻어준 다음 건조한다.
❻ 거름종이 위의 건조된 고체의 질량을 측정한다.

살리실산
아세트산 무수물
진한 황산   80 ℃ 물   증류수   얼음물

3. 결과 및 해석

❶ 과정 ❸에서 비커를 얼음물에 담그는 이유를 설명해보자.
❷ 건조된 고체의 무게로부터 수득률을 계산해보자.

〈생각 넓히기〉

아세트산 무수물 대신 아세트산을 사용할 경우 아스피린의 수득율은 어떻게 될지 예상해보자.

● **교과서 읽기 자료**

신약 개발 연구원[10]

1. 어떤 일을 할까?
신약 개발 연구원은 특정 질병의 치료에 효과가 나타나는 물질을 찾고, 이러한 물질을 합성할 수 있는 방법을 설계한다. 또한 합성한 화합물에서 우수한 약효가 나타나면 동물 실험을 진행하며, 이 과정을 거치면 임상 실험을 진행하여 인체에 미치는 효과와 부작용 등을 연구한다.

2. 어떻게 준비할까?
신약 개발 연구원이 되려면 물질의 성질을 이해하고, 물질을 합성하거나 분해할 수 있는 화학의 전문적인 지식, 인체의 반응을 다루는 생명 과학에 대한 지식이 있어야 한다. 따라서 화학, 생명 공학, 화학공학 등의 이해와 이를 응용할 수 있는 능력이 필요하다. 또한 새로운 약품을 개발하는 일을 하므로 탐구 정신과 호기심, 오랜 시간의 실험과 분석을 견딜 수 있는 인내심과 세밀함을 지녀야 한다. 신약 개발과 관련된 분야의 전문 지식을 갖추면 제약 회사에서 새로운 약품을 연구하고 개발하는 일을 할 수 있다.

---

10   비상에서 펴낸 『화학II』 교과서에서 발췌

생체 내 완충 용액의 역할 조사하기

1. 문제 인식

생체 내에서 완충 용액은 어떤 역할을 하고 있을까?

2. 자료 수집과 논의

❶ 모둠을 구성하고, 생체 내 완충 용액의 종류와 역할을 조사해보자.

기관	완충 용액	역할
입	침	음식을 먹으면 화학 반응으로 입안에 산이 생성되며, 이 산은 치아의 에나멜을 녹여 충치를 유발한다. 그러나 입안의 침에 들어 있는 탄산계(H_2CO_3/HCO_3^-), 인산계(H_2PO_4-/HPO_4^{2-}) 등이 주요하게 완충 작용을 하여 충치 발생을 억제한다.
폐	혈액	운동이나 다른 요인 등에 의해 혈액의 pH가 정상 범위에서 약간만 벗어나도 세포막의 안정도, 단백질의 구조, 효소의 활성도 등에 매우 심각한 영향을 미친다. 그러나 혈액 속 탄산계(H_2CO_3/HCO_3^-), 인산계($H_3PO_4-/H_2PO_4^{2-}$), 단백질계 등이 완충 작용을 하여 pH 값을 일정하게 유지한다.
신장	혈액	신장을 소변으로 H+을 배설하고 혈액에서 재흡수할 수 있도록 HCO_3^- 농도를 조절하여 혈장 pH를 조절하며, 인산계와 암모니아계 등이 완충 작용을 한다.

❷ 모둠별로 조사한 내용을 발표해보자.

---

11   비상에서 펴낸 『화학II』 교과서에서 발췌

3. 결과 정리

다른 모둠의 발표를 듣고 생체 내 완충 용액의 역할을 정리해보자.

우리 몸은 크게 다음과 같은 세 가지 완충 작용을 통해서 몸의 균형을 유지하고 있다.

❶ 혈액 완충 체계: 세포 외액(조직액, 혈장, 척수액, 안액, 장액 등)의 H^+ 농도 변화에 대해 가장 먼저 일어나는 반응으로 즉각적으로 신체를 보호하는 역할을 한다.

  ① 탄산 완충 체계: 세포 외액 내 가장 중요한 완충계로 세포 외액 내 90%의 H^+을 완충한다.

  ② 인 완충 체계: 세포 내에 많으므로 세포 내액의 주요 완충계로 작용한다. 특히 신세뇨관 세포에서 중요하게 기능을 하며, H^+이 인산염(Na_2HPO_4)과 결합되어 소변으로 배설된다.

  ③ 단백질 완충 체계: 체액의 화학적 완충 작용의 3/4을 세포 내 단백질이 담당한다. 대부분의 단백질 완충 작용은 세포 내에서 이루어지고 세포 외액의 완충 작용에도 도움을 준다.

❷ 폐 완충 체계: 호흡에 의한 완충 작용을 하는데, H_2CO_3(CO_2) 농도에 의해 pH를 조절한다.

  ① pH가 감소하면 호흡수와 깊이가 증가하여 폐를 통해 CO_2가 다량 배출된다. 이에 따라 CO_2가 적어지면 H_2CO_3 생성이 감소하여 pH가 증가하게 된다.

  ② pH가 증가하면 호흡 중추가 억제되어 CO_2가 증가하므로 H_2CO_3 생성이 증가하고 pH가 감소하게 된다.

❸ 신장 완충 체계: 신세뇨관에서 H^+의 분비를 변화시켜서 혈장 내의 HCO_3^- 농도를 조절하며 휘발성인 인산, 황산, 젖산, 케톤산 등의 산성 물질을 소변으로 배설하여 pH를 조절한다. 이때 인산계와 암모니아계가 완충 작용을 한다.

생체 내의 완충 작용은 매우 중요하다. 예를 들어 이산화탄소($CO2$)가 혈액에 녹으면서 생성된 탄산(H_2CO_3)과 탄산수소 이온(HCO_3^-)은 혈액 내에서 평형을 이루면서 완충 작용을 한다.

$$H_2CO_3(aq) + H_2O(l) \Leftrightarrow HCO_3^-(aq) + H_3O^+(aq)$$

심한 운동으로 우리 몸에 젖산이 생성되면 혈액에 H^+이 늘어나지만 HCO_3^-이 H^+과 반응하여 H_2CO_3을 생성하므로 혈액의 pH는 거의 일정하게 유지된다. 또한 혈액에 OH^-이 늘어나면 H_2CO_3과 중화 반응을 하여 혈액의 pH는 거의 일정하게 유지된다.

〈생각 넓히기〉

아세트산(CH_3COOH)과 아세트산 나트륨(CH_3COONa)이 녹아 있는 완충 용액에 소량의 염산($HCl(aq)$)을 첨가할 때 완충 작용을 일으키는 주된 화학 반응식을 써보자.

$$CH_3COO^-(aq) + H^+(aq) \rightarrow CH_3COOH(aq)$$

〈생각 넓히기〉

우리 몸의 혈액은 pH 7.3~7.4를 유지한다. 혈액이 이 pH 범위를 벗어날 경우 어떤 일이 일어날 수 있는지 조사해보자.

▶ pH가 정상 범위보다 작아지는 것을 산성 혈증, 커지는 것을 염기성 혈증이라고 한다. 산성 혈증은 피로, 구역질, 구토 같은 증상이 나타나며, 급성 산성 혈증은 호흡수가 빨라지고 두통을 일으키며, 발작, 혼수, 심지어는 사망까지 초래할 수 있다. 염기성 혈증 증상은 종종 칼륨 손실과 관련이 있으며 증상으로는 과민성, 쇠약, 경련 등이 있다.

● 교과서 읽기 자료

면역 반응과 백신

항원이 우리 몸에 처음 침입하면 B 림프구가 활성화되어 형질 세포와 기억 세포로 분화하고 형질 세포가 항체를 생성하는데, 이를 1차 면역 반응이라고 한다. 1차 면역 반응은 항원의 종류를 인식하고 B 림프구가 활성화되어 항체가 생성되기까지 시간이 걸린다. 1차 면역 반응 후 체내에서 항원이 사라진 뒤에도 그 항원에 대한 기억 세포는 남는다. 이후 동일한 항원이 다시 침입하면 기억 세포가 빠르게 증식하고 분화하여 만들어진 형질 세포가 많은 항체를 생성하는 것을 2차 면역 반응이라고 한다.

2차 면역 반응은 1차 면역 반응보다 빠르게 많은 양의 항체를 생성하여 항원을 효과적으로 제거한다. 예방 접종은 우리 몸의 면역 반응을 이용하여 인위적으로 1차 면역 반응을 일으켜 기억 세포를 형성하게 한다. 그 후 병원체가 체내에 침입하면 2차 면역 반응이 일어나 많은 양의 항체가 효과적으로 병원체를 제거함으로써 질병을 예방한다. 이때 1차 면역 반응을 일으키기 위해 체내에 주입하는 항원을 포함하는 물질을 '백신'이라고 한다. 백신으로는 병원성을 제거하거나 약하게 한 병원체 등이 사용된다. 사람들은 한 번 걸렸던 병에 다시 걸리지 않는 것은 한번 생긴 항체가 그대로 남아 있기 때문이라고 잘못 알고 있는 경우가 있다. 일단 병원체가 제거되면 항체와 형질 세포는 점차 줄어들지만, 기억 세포가 남아 병원체의 재침입 시 형질 세포로 분화하여 항체를 생산한다.

〈독감 백신의 제조 방법〉

❶ 다양한 독감 바이러스를 수집하여 유정란에 넣고 배양한다.
❷ 증식된 바이러스를 모아 농축하고 정제한다.
❸ 바이러스의 단백질 껍질을 분쇄한 후 특이 항원만 순수 분리하여 백신으로 사용한다.

---

12 비상에서 펴낸 『생명과학Ⅰ』 교과서에서 발췌

백신을 이용한 질병의 예방

1. 문제 인식

인류는 백신을 이용하여 많은 질병을 극복하였다. 그러나 감기나 말라리아, 후천성 면역 결핍증 (AIDS) 같은 질병에 대한 백신은 여전히 개발하지 못하고 있다. 백신으로 예방할 수 있는 질병과 예방하기 힘든 질병에는 어떤 것이 있으며, 그 차이는 무엇일까?

2. 탐구 과정

가. 백신의 종류와 제조 방법을 모둠별로 조사해보자.
- 생백신과 사백신으로 구분된다. 생백신에는 홍역 백신, BCG 백신이 있고, 사백신에는 독감 백신, A형 간염 백신, B형 간염 백신, 파상풍 백신이 있다.

나. 백신으로 예방하는 질병과 백신으로 예방하기 힘든 질병을 조사해보자.
- 체내에서 정상적인 면역 반응을 유발하는 대부분의 병원체는 백신으로 예방이 가능하다. 그러나 감기처럼 병원체가 다양하거나, 독감처럼 병원체의 항원 부위의 변이가 빠르게 일어나거나, 후천성 면역 결핍증(AIDS)처럼 병원체가 우리 몸의 면역계에 침투하거나, 발병 기작이 완전히 연구되지 않은 질병은 백신으로 예방하기 힘들다.

다. 백신으로 예방하기 힘든 질병은 어떤 특성 때문에 백신의 개발이 어려운지 토의해보자.
- **감기** : 감기는 리노바이러스와 아데노바이러스 등 매우 다양한 종류의 바이러스가 원인이 되어 발병하기 때문에 특정한 백신을 만들기 어렵다.
- **독감** : 독감의 원인인 인플루엔자바이러스는 지속적으로 변이를 일으키기 때문에 독감이 유행하는 시기의 6개월 정도 이전에 그 해에 유행할 인플루엔자바이러스의 유형을 예측하고 백신을 제조하여 접종을 해야 예방할 수 있다.
- **후천성 면역 결핍증(AIDS)** : 후천성 면역 결핍증은 인간 면역 결핍 바이러스(HIV)가 원인이 되어 발병하는데, 이 바이러스는 변이가 매우 빠르게 일어나며, 면역 과정에서 핵심적인 세포인 T 림프구에 침입하여 인체의 방어 작용을 피하기 때문에 백신을 만들기 어렵다.

● 교과서 탐구활동

■■■ 약물이 인체에 미치는 영향 조사하기 ■■■

1. 문제 인식

약물 중에는 신경계에 작용하여 인체에 영향을 미치는 것들이 많다. 이러한 약물은 그 영향에 따라 진정제, 각성제, 환각제 등으로 구분된다. 진정제, 각성제, 환각제에는 어떤 것이 있으며, 이 약물들은 인체에 어떤 영향을 미칠까?

2. 탐구과정

❶ 진정제, 각성제, 환각제 중 하나를 선택하여 모둠별로 조사해보자.

조사 내용	• 약물의 종류 • 약물이 시냅스에서의 흥분 전달에 미치는 영향 • 약물이 인체에 미치는 영향

❷ 조사한 내용을 보고서로 만들어 발표해보자.

참고) www.drugfree.or.kr는 한국 마약 퇴치 운동 본부 누리집으로, 약물의 종류, 약물이 인체에 미치는 영향, 약물에 관한 법률 등의 정보를 찾을 수 있다.

3. 정리

❶ 모둠별 발표를 듣고 약물이 인체에 미치는 영향을 표로 정리해보자.

구분	종류	약물이 시냅스에서의 흥분 전달에 미치는 영향	약물이 인체에 미치는 영향
진정제	알코올, 수면제, 진통제, 아편	(아편) 시냅스에서 도파민의 재흡수 통로를 막아 도파민이 과잉 상태가 되고, 그 결과 환각 증상을 일으키게 된다.	중추 신경을 억제하여 호흡운동과 심장박동을 느리게 하고 긴장을 완화시키는 진정 효과가 있다. 또한 통증을 완화시키는 진통 효과도 있다.
각성제	카페인, 니코틴, 코카인, 암페타민 (필로폰)	(암페타민) 시냅스에서 노르에피네프린의 재흡수를 억제하거나 분해 효소의 작용을 억제하여 시냅스 후 뉴런을 계속 자극한다.	중추 신경과 말초 신경을 흥분시켜 호흡 운동과 심장 박동을 빠르게 하고 긴장 상태를 유지시키는 각성 효과가 있다.
환각제	대마초, LSD, 마리화나	(마리화나) 흥분성 중추인 세로토닌 회로에 작용해 세로토닌이 재흡수되는 것을 방해하여 계속적인 흥분 상태를 유지하거나, 도파민의 방출을 증가시킨다.	인지 작용과 의식을 변화시켜 감각 왜곡, 공포, 불안 등을 증가시킨다. 또한 조현증(정신분열증)과 환각 작용을 일으킨다.

❷ 약물을 사용해야 할 때, 인체가 입는 피해를 최소화하는 방법을 토의해보자.

약물은 사용할 때마다 내성이 생겨 같은 효과를 얻기 위해서는 사용량을 계속 늘려야 하고, 약물 사용을 중지하면 불안, 수면 장애, 발작 등의 금단 증상이 나타나기도 한다. 또한 약물을 지속적·주기적으로 사용하면 의존성이나 중독성이 생겨 약물 사용의 중단이나 조절이 어렵게 된다. 심하면 뇌를 비롯하여 심장 박동 이상, 폐기종 같은 질병을 유발하기도 한다. 이와 같은 약물에 의한 인체의 피해를 최소화하기 위해서는 약물을 오남용하지 않고 의사의 처방에 따라 바르게 사용해야 한다.

● 교과서 탐구활동[13]

리포솜의 활용 사례 조사하기

1. 문제 인식

리포솜은 세포막의 주성분인 인지질로 만든 인공 구조물로, 우리 생활 곳곳에서 활용되고 있다. 리포솜의 특성은 무엇이며, 리포솜은 어떤 분야에서 활용되고 있을까?

2. 탐구과정

❶ 리포솜이 우리 생활에서 활용되는 사례를 조사해보자.

조사 내용	• 리포솜의 특성 • 리포솜이 활용되는 사례 • 리포솜을 활용하는 것의 차이점
리포솜의 특성	• 인지질 2중층으로 만든 공 모양의 인공 구조물로, 리포솜의 막은 세포막과 융합할 수 있다. • 안이 비어 있어 원하는 물질을 담을 수 있다.
리포솜이 활용되는 사례	• 리포솜은 세포막과 융합할 수 있으므로 리포솜의 내부 공간에 항암제, 비타민 등의 영양소, 화장품 등을 담아 피부를 통해 흡수시킬 수 있다. • 병세가 나빠져 약물을 복용하거나 주사하기 어려운 환자에게 리포솜을 이용해 약물을 투여한다. • 리포솜을 이용해 피부 속으로 화장품을 효과적으로 전달한다. • 리포솜을 이용해 암세포에 직접적이고 효과적으로 약물을 전달한다.
리포솜을 활용하는 것의 이점	• 리포솜을 이용하면 물질을 세포 속으로 쉽게 흡수시킬 수 있으며, 약물 등을 복용할 때 생기는 부작용도 최소화할 수 있다.

❷ 조사한 리포솜의 활용 사례를 중심으로 리포솜 활용의 실용성과 타당성을 토의해보자.

리포솜은 인지질 2중층의 막으로 된 인공 구조물로, 내부 공간에 저분자 물질, 핵산이나 단백질 등 여러 가지 물질을 담을 수 있어 현재 화장품, 유전 정보를 지닌 핵산의 전달, 항암제와 항균제 같은 약물 투여 등에 활용되고 있다. 특히 리포솜을 이용한 화장품은 물질을 직접 피부를 통해 흡수시킬 수 있어 매우 실용적이다. 반면, 유전자 치료나 종양 치료를 목적으로 특정 조직이나 기관으로 수송하기 위해 정맥으로 투여하는 리포솜의 경우에는 간이나 지라 등에서 많이 걸러지고, 대식 세포에 의해 빠르게 소멸되어 효과가 떨어지는 단점이 있다. 이러한 단점을 극복하기 위해서는 반복 투여하여도 안전하고, 대식 세포를 피하면서 오랫동안 혈액에 머물 수 있으며, 표적 세포나 조직에 특이적으로 융합하여 효과를 극대화할 수 있는 리포솜을 개발하기 위한 연구가 진행되어야 할 것이다.

---

13 비상에서 펴낸 『생명과학II』 교과서에서 발췌

● **교과서 읽기 자료**

A. 유전자 재조합 기술에 의해 만들어진 유전자 변형 생물에 관해서…

유전자 재조합 기술에는 아그로박테리아법이나 전자총을 이용하여 대상 식물의 배양 조직에 넣고, 이 유전자가 들어간 형질 전환 세포를 선발하여 재분화시킨 다음 전통적인 육종법에 따라 새로운 품종을 만든다. 아그로박테리아는 흙과 식물에 기생하는 토양 세균의 하나로 다양한 식물에 기생하면서 식물의 병을 일으키는 병원균이다. 하지만 아그로박테리아는 Ti 플라스미드라는 핵산 단백질 형태의 자기 DNA를 다른 식물 세포에 쉽게 전이시키는 능력을 가지고 있다. 따라서 이 박테리아의 플라스미드에 식물의 유용한 DNA를 재조합하여 만든 재조합 플러스미드를 다시 박테리아 세포에 넣어주면 재조합 박테리아를 대량 생성하게 된다. 재조합 박테리아를 조직 배양한 식물 세포에 감염시켜 주면 해당 유전자를 안전하게 빠르게 식물 세포에 재조합하여 유전자 변형 생물(GMO)을 만들어낸다. 이러한 유전자 재조합의 연구는 특정 유전자를 대량 생산하여 식물체 내의 병충해 저항성을 강화시키거나 단백질 유전자를 박테리아에 재조합하여 많은 양의 단백질을 생산하는 데 이용된다.

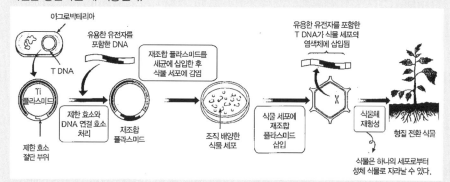

B. 항균 제품 사용에 대하여

요즘에는 비누와 세제는 물론 칫솔, 장난감, 이불, 벽지에 이르기까지 '항균' 표시가 된 제품을 흔히 볼 수 있다. 이런 제품들은 기존 제품에 세균을 죽이는 성분을 첨가하여 만드는 경우가 대부분인데, 소비자는 업체의 말만 믿고 안심해도 될까? 최근 가습기 물통에 넣어 세균이나 곰팡이가 번식하지 못하게 하려고 사용한 제품이 오히려 사람에게 큰 피해를 준 사건이 있었다. 항균 제품을 사용하는 것이 옳은 선택인지 토론해보자.

---

14 대구광역시교육청에서 펴낸 『융합과학』 교과서에서 발췌

● 교과서 탐구활동

앞의 주제 A, B 중에서 하나를 골라서 찬성과 반대 입장에 대해 토의해보자.

A. 유전자 재조합 기술에 의해 만들어진 유전자 변형 생물에 관한 토론

찬성 입장	반대 입장
1. 기아를 해결하기 위해 필요하다. 2. 분배 정의를 기다리기에는 시간이 급하다. 3. 과거 품종 개량으로 얻은 생물도 넓은 의미에서는 유전자 변형 생물이다.	1. 인체에 해가 없다는 사실이 검증되지 않았다. 2. 기아는 식량 생산량의 문제가 아니라 분배의 문제다. 3. 세계 시장을 지배하는 곡물 기업의 돈벌이 수단에 불과하다. 4. 생물 다양성을 파괴한다.

① 2~4명씩 짝을 지어 찬성하는 입장과 반대하는 입장으로 나누어 자신의 입장을 이야기해보자.

② 각자 자신의 입장을 정리하여 반 전체가 찬반 토론을 해보자.

③ 토론이 진행되는 동안 유전자 변형 생물에 대한 자신의 입장에 변화가 있었는지 이야기해보자.

CHAPTER 05

수의과대학 졸업 후 진로

1 | 의학계열 대학 졸업 후 진로[15]

학과	졸업자수 (명)	고용률 (%)	정규직 비율 (%)	300인 이상 규모업체 취업비율 (%)	월평균 소득 (만원)	300인 이상 월평균소득 (만원)	주당평균 근로시간 (시간)	자격증 보유비율 (%)
의학	1,926	93.9	17.2	35.1	422.7	390.3	57.1	72.5
치의학	1,487	83.0	51.9	10.5	230.4	353.9	44.1	86.1
한의학	648	84.6	30.8	12.9	412.4	296.7	48.7	75.9
약학	1,872	80.6	60.5	18.7	460.1	388.6	40.8	65.6
간호	10,226	81.9	86.5	74.1	301.7	330.2	45.1	79.1
동물· 수의학[16]	633	71.2	43.8	15.1	239.1	219.1	43.1	75.7

의학계열(의학, 치의학, 한의학, 수의학, 약학, 간호) 총 여섯 개 학과 2020 대졸자 취업통계를 보면, 자연계열로 분류된 동물·수의학과 졸업자의 월평균 소득은 239.1만 원, 주당평균 근로시간은 43.1시간이었다. 따라서 수의학과 단독 취업률은 대학알리미 2022년 통계를 따랐다.

---

15 대졸자 취업정보(한국고용정보원 2020년 통계)에서 발췌

16 대졸자 취업정보(한국고용정보원 2020년 통계)에서는 수의학과를 자연계열로 분류해서 통계를 산출했으므로 동물·수의학 체계를 따랐다. 즉, 수의학과 단독 통계가 아니다. 동물·수의학 분류에 포함된 학과는 동물공학과, 수의예과, 응용동물과학과, 응용동물학과, 특수동물학과, 애완동물과 등이다.

● 수의과대학 취업률 순위[17]

연번	대학명	지역	재학생 수 (2022, 명)	장학금 (2022, 원)	취업률 (2022, %)	평균등록금 (2023, 원)	설립유형
1	서울대	서울시 관악구	180	3,974,584	94.4	9,290,000	국립대법인
2	제주대	제주도 제주시	177	2,357,346	94.1	5,602,000	국립
3	충북대	충청북도 청주시	205	2,576,851	90.6	6,414,000	국립
4	건국대	서울시 광진구	324	3,484,383	89.8	10,180,000	사립
4	전남대	광주시 북구	208	2,691,157	89.8	5,490,000	국립
6	충남대	대전시 유성구	228	2,597,634	86.7	5,616,000	국립
7	강원대	강원도 춘천시	167	2,410,344	86.4	5,756,000	국립
7	경북대	대구시 북구	229	2,295,734	86.4	5,316,000	국립
9	전북대	전라북도 익산시	213	2,384,514	86.2	4,850,000	국립
10	경상국립대	경상남도 진주시	213	2,596,711	85.1	5,864,000	국립

전국 10개 수의과대학의 평균 취업률은 88.95%로 '2021년 고등교육기관 졸업자 취업통계 조사(전국 대학과 일반대학원의 2020년 8월~2021년 2월 졸업자 54만 9,295명을 대상)' 결과 67.7%에 비해 21.25% 높았다. 수의과대학 취업률 1위는 서울대 94.4%였으며, 제주대 94.1%, 충북대 90.6%, 건국대·전남대 89.8% 순이었다. 취업률 1위인 서울대는 10위인 경상국립대 85.1%와 9.3% 차이를 나타냈다.

---

17 대학알리미(2022년 통계)에서 발췌

수의사가 되려면 예과 2년, 본과 4년 총 6년의 대학생활을 마치고 국가고시에 합격해서 면허를 취득해야 한다. 수의사 직업은 다양하다. 진료, 방역, 검역, 축산물 위생, 실험동물, 학계, 수의 관련 산업에 종사한다.

임상수의사는 대도시에서는 동물병원에 근무하며 주로 소동물인 반려동물 진료 업무를 하고 있다. 지역은 주로 대동물인 산업동물(소, 말, 돼지, 닭 등) 진료가 더 많다. 즉, 농장 산업동물의 진료를 담당한다. 국립공원·일반 산림지역 내 야생동물 진료와 야생동물이 폐사했을 경우 원인규명을 위한 부검도 실시한다. 동물원 동물, 해외에서 들여 온 반려 동물, 수생동물(물고기, 어패류 등) 진료, 꿀벌의 질병을 진단함과 동시에 예방하는 업무도 임상수의사의 몫이다.

수의직 공무원 길도 다양하게 열려 있다. 중앙부처인 농림축산식품부, 환경부, 해양부, 검역검사본부, 식약처, 공항 및 항만 검역, 국가 연구기관에서 실험동물, 신약 및 약품 개발, 도청의 축산물 검사 등으로 진출할 수 있다.

수의 관련 산업 분야도 전망이 밝다. 동물 질병의 원인체나 예방법을 연구하고 생명공학 분야에서 연구활동에 종사할 수 있다. 또한, 군인 신분으로 군용동물 진료, 식품검사, 수질검사, 방역활동, 인수공통질병에 대한 예방 등을 담당한다. 공중방역수의사로 대체복무도 가능하다. 즉, 공중보건의사로 군복무를 대체하는 의사와 동일하게 방역업무를 담당한다.

- **임상** : 반려동물 수의사, 산업동물 수의사, 특수동물 수의사, 농장동물(양계, 양돈) 수의사, 대동물 수의사, 어류 수의사, 야생동물 수의사, 동물원 수의사 등
- **기업체** : 제약회사, 동물백신회사, 사료회사 등
- **국가 연구직, 수의직 공무원, 공공기관** : 수의사관(공중방역 수의사, 수의장교), 7급 및 5급 수의직 공무원, 농림축산검역본부, 각 지방자치단체, 식품의약품안전처, 질병관리 본부, 한국마사회, 군수의장교 등

- 임상 수의사 – 소동물 임상 수의사

  동물병원에 근무하며 반려동물 진료업무를 한다.

- 임상 수의사 – 대동물 임상 수의사

  소와 돼지, 말과 같은 농장동물의 진료를 담당한다.

- 임상 수의사 – 야생동물 임상 수의사

  야생동물에 대한 진료를 담당하며 생태계 보전에도 힘쓴다.

- 임상 수의사 – 수생동물 임상 수의사

  물고기와 어패류 등의 수생동물에 대한 진료를 담당한다.

- 실험동물 수의사

  실험동물 사용에 대한 제제 및 결정을 할 수 있으며, 실험동물의 복지를 최대한으로 유지하도록 감독한다. 실험동물을 대체할 수 있는 대체법을 연구 개발한다.

- 수의직 공무원

  식품검사, 수질검사, 방역활동, 인수공통질병에 대한 예방을 담당한다. 공항만에서는 수출입되는 동물 및 축산물 등을 검역함으로써 전염병 및 인수공통질병에 대한 유입 및 확산을 미연에 방지한다.

- 학계

  전국 수의학, 의치약학/한의학/보건학, 자연계열 대학에서 후진 양성 업무를 담당하는 교수로 활동한다.

- 생명공학 연구

  동물 질병의 원인체나 예방법에 대하여 연구하고 생명공학 분야에서 활동한다.

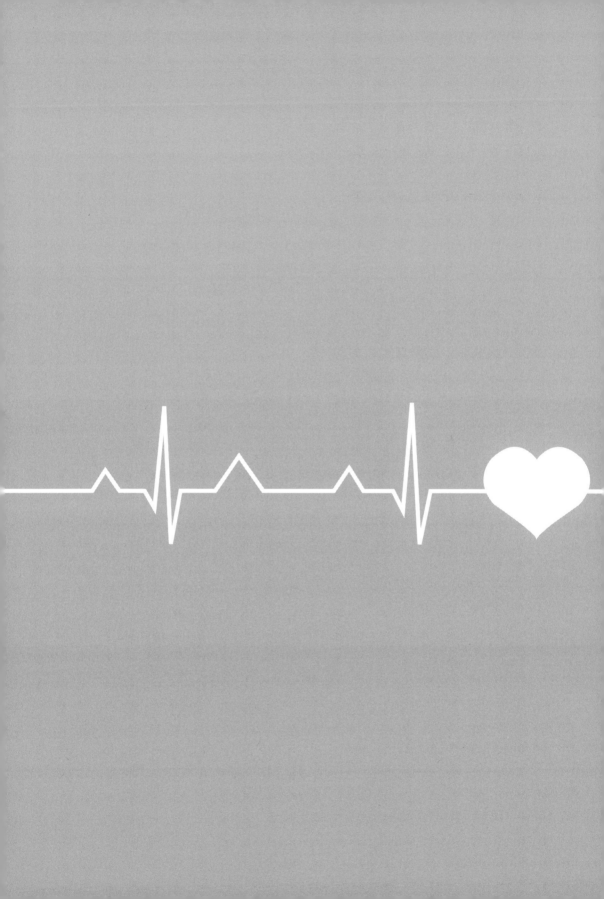

2

수의과대학
슈퍼비전

CHAPTER 01

교수님 인터뷰

1 | 전북대학교 수의과대학 수의예과 학과장 이기창 교수

1. 수의과대학은 어떤 학생이 지원하면 좋을까요?

공감능력이 좋은 학생이 지원하면 좋겠습니다. 수의사는 우선 동물 질병을 다루어야 하기에 동물에 대한 이해가 있어야 하므로 다양한 동물(개, 고양이, 소, 말, 돼지, 닭 등)에 노출된 경험을 가지고 있는 것이 중요합니다. 더불어 동물 질병을 다루기 앞서서 먼저 동물 환자의 보호자와 만나야 하고 동료 수의사와 소통해야 하므로 주위의 다양한 계층과 공감할 수 있는 자질을 갖춘 학생이 지원하면 좋겠습니다.

2. 수의예과에서는 구체적으로 무엇을 배우나요?

수의예과는 수의사가 되기 위한 예비 과정으로서 예과 2년 동안 인문교양 수업을 통해 수의사가 갖추어야 할 기본적인 소양을 기르고 수의학개론 등의 수의학 연관 내용을 통해 수의사와 수의학에 대한 깊은 이해를 가지게 함으로써 수의학 전공학업을 위한 기본적인 내용들을 배우게 됩니다. 수의예과 과정을 이수한 학생은 수의학과 즉 본과로 진입하게 됩니다.

3. 수의사에게 필요한 역량과 길러야할 자질은 무엇인가요?

수의사는 전문가로서의 역할을 수행하기 위한 최소한의 역량 즉 졸업 역량에 맞춰 개별 환자를 돌보거나 공중방역 등의 기본적인 수의료 서비스를 제공해야 합니다. 따라서 수의사는 윤리의식에 기초하여 반려동물과 주요 농장동물(돼지, 소 등)에 대한 진료 능력과 지속적인 연구, 그리고 환자 보호자, 동료 수의사, 일반대중과 공감하고 소통하는 자질이 필요합니다.

4. 수의과대학에 진학을 희망하는 학생들이 고등학교 때 열심히 공부해야 하는 교과목은 무엇이며, 그 이유는 무엇인가요?

소통과 공감 능력에 필수적인 국어, 논리적인 사고를 기르는 수학, 수의학과 직접 관련되는 생명과학과 화학, 그리고 세계와 소통해야 하는 영어는 매우 중요한 과목입니다.

5. 수의과대학에 입학해서 도움이 되는 고등학교 때 '과학' 과목(예 : 물리학, 화학, 생명과학, 지구과학)은 무엇이 있을까요? 그 이유는 무엇인가요?

4개 분야 다 도움이 될 수 있지만 특히 화학과 생명과학이 수의학과 직접적인 연관성을 가지고 있으며 수의예과에서 생물과 화학은 수의예과 교육과정에 편성되어 있는 과목입니다.

6. 수의과대학 진학을 위해 학생부종합전형을 준비하는 학생들에게 도움이 될 만한 학교활동(예 : 주제탐구보고서, 논문 요약, 발표 · 프레젠테이션, 독서활동, 팀프로젝트, 실험, 토의 · 토론 등)이 있다면 소개해주세요.

수의학과 관련된 주제(전염병 예방, 반려동물 질병 등)에 관한 탐구보고서 작성과 수의사와 연관된 서적을 비롯해서 인문고전 등 다양한 분야의 독서활동이 도움이 될 수 있습니다.

7. 수의과대학에 진학을 희망하는 학생들에게 도움이 될 만한 도서 한 권을 추천해주시고, 그 이유는 무엇인가요?

대중적으로 잘 알려진 제임스 헤리엇 시리즈 중 『이 세상의 모든 크고 작은 생물들(All creatures Great and Small)』은 수의사의 삶과 수의학의 본질에 관한 내용을 담고 있으므로 수의사에 대해 궁금한 학생들에게 도움이 될 것으로 판단합니다. 또한 논리적인 사고와 생각의 힘을 키울 수 있는 철학서(데카르트나 칸트 관련 도서)도 추천합니다.

8. 2023년 현재 수의과대학은 전국에 10개 대학이 있습니다. 수의예과 교수님 입장에서 수의대가 더 필요한지 불필요한지 의견을 듣고 싶습니다.

수의대 증설보다 필요한 것은 졸업 역량을 갖춘 양질의 수의사를 양성하기 위한 수의학 교육의 내실화로, 수의대 신설은 현재 국내 수의학교육에 긍정적 요인으로 작용하기 어렵다고 판단합니다.

9. '수의장교'와 '공중방역수의사'가 없어질 것이라는 부정적 전망에 대해서 어떻게 생각하시나요?

수의장교와 공방수는 사회에 필수적인 존재로서 기여도가 큰 만큼 존립해야 마땅하고 혹 여러 가지 여건상 문제점이 있다면 이를 해소하기 위한 방안을 마련하고 더 큰 기여를 할 수 있도록 개선하려는 노력을 기울여야 한다고 판단합니다.

10. AI 시대, ChatGPT 시대 인간의 의료 행위가 필요할까요? 그렇다면 수의과대학의 비전은 무엇인가요?

수의전문가는 양질의 수의료 서비스를 제공하기 위해 물리적인 시간과 노동의 수고를 소비해왔습니다. 일관성과 정확성을 갖춘 보조자인 인공지능이 이러한 수고를 덜어주도록 균형을 갖게 하도록 수의과대학은 학생들에게 인공지능의 디지털 기술을 깊이 있게 이해하고 이를 인류에 이롭게 사용되도록 하는 아날로그 소양을 갖추도록 하는 과정도 중요하다고 생각합니다.

CHAPTER 02 재학생 인터뷰

1 | A대학교 수의과대학 수의예과 재학생

1. 수의과대학은 어떤 학생이 지원하면 좋을까요?

생명을 존중할 줄 알고, 동물에 대한 애정을 지닌 학생에게 추천 드립니다. 다만, 수의사라는 직업 특성상 아픈 동물을 자주 마주하고, 동물의 죽음을 목도하는 상황이 자주 발생하게 됩니다. 이러한 상황에서도 침착함을 유지하고 사명을 다하는 강한 마음과 동시에 생명에 대한 존중과 사랑을 잃지 않는 곧은 심정을 지닌 사람이 적합합니다.

2. 수의과대학에서는 구체적으로 무엇을 배우나요?

동물 질병을 예방하고 치료할 수 있는 자질을 지닌 수의전문인력 양성을 위해 동물의 건강 및 질병과 관련된 수의학 분야의 이론과 실제를 배웁니다. 예과에서는 본인이 관심 있는 분야의 다양한 교양 수업과 함께 동물자원학, 수의학개론, 수의학용어, 수의응용통계학, 동물행동학, 동물사양학, 동물복지학, 수의윤리학, 동물행동의학, 병원체와 면역력 등의 전공과목을 수강하며 전공지식에 대한 전반적인 지식을 학습합니다. 또한 일반생물학, 일반화학 등의 필수교양을 수강하며 전공과목 수강에 앞서 필요한 지식을 습득합니다. 본과에서는 다양한 전공과목을 통해 보다 심화된 이론을 배우고 실습을 하며, 수의전문인력으로서 필요한 기술을 익힙니다. 수강하는 수업으로는 수의해부학, 수의생리학, 수의발생학, 수의조직학, 수의미생물학, 수의생화학, 실험동물의학, 수의내과학, 수의산과학, 수의영상진단학, 수의임상병리학, 대동물임상실습, 야생동물질병학, 수의기생충학, 수의독성학, 수의전염병학 등이 있습니다.

3. 수의과대학을 졸업하면 구체적으로 어떤 일을 하게 되나요?

수의과대학을 졸업하면 동물의 진료 이외에도 동물의 보존, 축산식품의 안전공급 등의 영역으로도 진출할 수 있습니다. 또한, 사람에게까지 전염되는 조류독감, 구제역 등의 질병을 예방하고 동물 관련 의약품 및 신제품 개발에 이르기까지 다양한 영역의 연구에 종사할 수 있습니다. 따라서 졸업 후 수의사 면허를 취득하고, 임상수의사를 희망할 경우, 소동물 임상 혹은 대동물 임상을 선택하게 됩니다. 이 외에도 대학원 진학, 국제기구 진출, 약학연구원, 공무원(수의직), 농림어업관련시험원, 축산 및 수의학 연구원, 생명과학 연구원 등 다양한 진로가 존재합니다.

4. 수의사에게 필요한 역량과 길러야 할 자질은 무엇인가요?

생명을 다루는 직업이니만큼, 생명에 대한 존중과 윤리의식, 책임감이 매우 중요하다고 생각합니다.

5. 수의과대학을 진학을 희망하는 학생들이 고등학교 때 열심히 공부해야 하는 교과목은 무엇이며, 그 이유는 무엇인가요?

우선적으로, 수의과대학의 진학에 높은 성적이 요구되기 때문에, 모든 과목을 열심히 공부해야 합니다. 수의과대학에 진학하여 전공과목을 공부할 때 도움이 된 과목은 생명과학입니다. 수의과대학에 진학하여 배우는 과목들이 대부분 생명과학에 기반하고 있고, 생명과학을 공부해두면 전공과목을 배울 때 크게 도움이 되기 때문에 추천 드립니다.

6. 수의과대학에 입학해서 도움이 되는 고등학교 때 '과학' 과목(예 : 물리학, 화학, 생명과학, 지구과학)은 무엇이 있을까요? 그 이유는 무엇인가요?

생명과학 교과목이 도움이 됩니다. 수의과대학에 진학하여 배우는 과목들은 대부분 생명과학에 기반하고 있습니다. 따라서 생명과학을 공부해두면, 전공과목을 수강할 때 흐름을 따라가기 쉽고, 훨씬 수월하게 지식을 습득할 수 있습니다.

7. 수의과대학 진학을 위해 학생부종합전형을 준비하는 학생들에게 도움이 될 만한 학교활동(예 : 주제탐구보고서, 논문 요약, 발표·프레젠테이션, 독서활동, 팀 프로젝트, 실험, 토의·토론 등)이 있다면 소개해주세요.

본인이 관심을 갖고 있고, 수의학과 연결할 수 있는 생명과학 분야에 대한 실험을 수행하고 논문을 찾아보는 등 학문적 활동이 도움이 될 것이라고 생각합니다.

8. 수의과대학을 정시모집에 진학하려는 학생들에게 도움이 될 만한 조언을 부탁드립니다.

주위의 다른 친구들이 무엇을 공부하든, 무슨 말을 하든 흔들리지 마세요. 타인과 비교하면서 불안해하거나 흔들리지 말고, 본인이 부족한 부분을 채워나가며, 본인이 필요한 공부를 하는 것이 중요합니다.

9. 수의과대학 진학을 희망하는 학생들에게 도움이 될 만한 도서 한 권을 추천해주시고, 그 이유는 무엇인가요?

최재천 교수님의『최재천의 인간과 동물』을 추천합니다. 수의학도로서 지녀야 할 마음가짐에 대해 생각해볼 수 있는 책입니다.

10. 수의과대학에서 하는 학과 활동에는 무엇이 있나요?

먼저, 다양한 전공세미나와 특강이 열려 관심 있는 수의학 분야에 대한 자세한 정보와 최근 동향 등을 알 수 있고, 그동안 잘 몰랐던 분야에 대한 지식도 습득할 수 있습니다. 저는 작년에 ○○○ 수의사님께서 연사로 오신 명사 초청 세미나에 참석했었는데, 평소 관심이 있던 동물행동의학에 대해 많은 정보를 얻고, 제 진로에 대한 생각을 공고히 할 수 있던 좋은 경험이었습니다. 또한, 해외에서 수의사로 근무하고자 하는 학생들을 위해, 미국수의사 준비반을 운영하여 재미 한인 수의사회의 도움을 받아 여러 정보를 제공하고, 학생들에게 미국 현지 동물병원과 수의과대학 견학 기회를 제공하고 있습니다. 또 다른 수의과대학의 대표적인 학과 활동으로는 동물광장이 있습니다. 동물광장은 수의과대학 학생들이 매년 주최하는 축제로, 학생과 지역주민이 함께하는 바람직한 반려동물 문화를 형성하고 전파하며, 반려동물과의 추억을 선사하기 위해 열리는 축제입니다. 작년 ○○대학교 수의과대학에서는 제○○회 동물광장을 개최하여 반려동물 장난감 제작, 강아지 미로탈출, 페이스 페인팅, 반려동물 무료 건강상담 등의 부스를 운영하고, 반려동물 행동학 강연, 캐니크로스, 도그 요가 등의 행사를 진행하였습니다. 많은 ○○지역 주민들과 반려동물들이 참여하여 즐거운 시간을 보냈으며, 올해도 제○○회 동물광장을 계획 중에 있습니다. 이 외에도 수의과대학에서는 학생들에게 동물원, 연구실을 비롯한 다양한 곳에서 임상실습 기회를 제공하고, ○○를 통해 수의학발전에 희생된 실험동물의 숭고한 넋을 기리고, 전국 수의학도 축전을 통해 전국 수의과대학 학생들의 교류를 장려하는 등 다양한 활동이 마련되어 있습니다.

11. 2023년 현재 수의과대학은 전국에 10개 대학이 있습니다. 수의예과 학생 입장에서 수의대가 더 필요한지 불필요한지 의견을 듣고 싶습니다.

불필요하다고 생각합니다. 수의대 신설을 주장하는 측은 국내 배출되는 수의사의 수가 부족하며, 30년간 수의대 신설 없이 정체되어 왔고, 신종감염병 대응을 위한 전문 방역인력의 수요가 증가한 데 비해 가축방역관 숫자가 부족함을 근거로 들고 있습니다. 그러나 1989년 충북대 수의대 신설 이후, 지금의 입학정원은 20% 가량 증가했으며, 배출되는 수의사 수는 많아졌지만, 인력 공급 불균형이 문제가 되고 있습니다. 즉, 현재 우리나라 수의계는 수의인력 추가 양성이 아니라 수의인력의 균등한 분배가 필요한 상황입니다. 따라서 수의과대학 신설이 가축방역관 문제를 해결할 수 없으며, 기존의 수의대생 및 수의사가 가축방역관으로 진출할 수 있도록 인식 및 처우를 개선하는 것이 우선되어야 한다고 생각합니다.

12. AI 시대, ChatGPT 시대 인간의 의료 행위가 필요할까요? 그렇다면 수의과대학의 비전은 무엇인가요?

AI와 ChatGPT가 크게 발전하더라도, 생명을 다루는 일에서 인공지능이 최고권위를 지니기는 어려울 것이라고 생각합니다. 다만, 수의학 분야에서 보조적인 용도로 사용할 수 있을 것이라고 생각합니다.

1. 수의과대학은 어떤 학생이 지원하면 좋을까요?

동물에 대한 관심과 애정이 있으면 좋습니다. 또한 생명을 다루기 때문에 도덕적 가치관과 책임감이 필수적입니다. 또한 공부를 잘해야 합니다. 수의대에 입학하는 것은 매우 높은 성적을 요구하기 때문입니다. 또한 과학 분야에 대한 지식과 이해력이 뛰어나야 합니다.

2. 수의과대학에서는 구체적으로 무엇을 배우나요?

수의과대학은 수의예과(예과) 2년, 수의학과(본과) 4년으로 총 6년제 대학입니다. 본격적인 수의학 공부는 본과 때 시작합니다. 예과 때는 타 일반학과와 같이 전공과 교양을 배우며 본과 때는 전공만 집중적으로 배웁니다. 예과 때 배우는 전공은 기초수의학, 수의학개론, 동물과학개론, 동물행동학, 동물영양학 등 비교적 쉬운 내용을 공부합니다. 본과 때는 예과 때보다 훨씬 심화된 전공과 임상실습을 주로 배웁니다.

3. 수의과대학을 졸업하면 구체적으로 어떤 일을 하게 되나요?

본과까지 졸업하고 수의사 면허증을 취득하게 되면, 수의사는 다양한 직업 분야에서 활동할 수 있습니다. 크게 임상 분야와 연구 분야로 나뉘고 임상에서는 소동물(개, 고양이 등)과 대동물(말, 소, 돼지 등)로 나뉩니다. 먼저 임상에 뜻이 있다면 동물의 건강 진단, 치료 및 예방을 담당하는 전문가로서 동물병원에서 수의사로 일할 수 있습니다. 수의외과, 수의치과, 수의약학, 수의영상의학, 수의진단학, 수의재활치료 등과 같은 전문 분야로 전문화된 수의사도 많이 있습니다. 축산업 분야에서 동물을 관리하는 수의사로 일할 수도 있습니다. 연구에 뜻이 있다면 동물 질병, 건강 등에 대한 연구를 수행하는 연구원으로서, 대학, 연구소, 제약회사 등에서 일할 수 있습니다. 생각보다 연구소나 제약회사에서 수의사 연구원을 많이 필요로 합니다. 수의학 교수로도 일할 수 있고 수의직 공무원이 될 수도 있습니다. 수의사는 정말 다양한 분야에서 활동할 수 있으니 단지 동물병원에서의 수의사만 생각하지 말고 수의사가 활동할 수 있는 직업들을 알아보고 수의과대학 입시 준비를 했으면 좋겠습니다.

4. 수의사에게 필요한 역량과 길러야 할 자질은 무엇인가요?

사람과 달리 동물들은 말을 하지 못합니다. 사람은 자기가 어디가 아프고 불편한지 얘기할 수 있지만 동물들은 그러지 못합니다. 따라서 과학적인 지식과 이해력, 진단능력과 관찰력이 필요합니다. 동물들의 행동, 증상, 생활환경 등을 꼼꼼하게 관찰하고 이를 기반으로 정확한 진단을 내릴 수 있어야 합니다. 다양한 검사와 진료 방법을 활용하여 진단에 필요한 정보를 수집하고 분석할 수 있어야 합니다. 또한, 수의사는 동물뿐만 아니라 보호자도 상대해야 합니다. 동물 주인과의 원활한 소통을 위해 커뮤니케이션 능력이 필요합니다. 동물에 대한 정보와 진료 방법을 쉽게 설명하고, 주인들의 우려와 의견을 잘 수용하며, 치료 과정에서 지속적으로 소통할 수 있어야 합니다. 사람을 상대하는 서비스직인 면이 있어 수의사들은 보호자들을 상대하는 것에 대해서 굉장한 스트레스를 받습니다. 의사소통 능력은 수의사 활동에 있어 필수적입니다.

5. 수의과대학을 진학을 희망하는 학생들이 고등학교 때 열심히 공부해야 하는 교과목은 무엇이며, 그 이유는 무엇인가요?

영어와 과학 교과를 열심히 공부하면 좋습니다. 수의학은 학문 특성상 전부 과학적 내용이라 기본적인 과학 베이스가 있다면 공부할 때 수월할 것이고, 전공 내용이 대부분 영어이므로 영어를 못하는 학생이라면 수업을 따라가기 힘들 것입니다.

6. 수의과대학에 입학해서 도움이 되는 고등학교 때 '과학' 과목(예 : 물리학, 화학, 생명과학, 지구과학)은 무엇이 있을까요? 그 이유는 무엇인가요?

화학과 생명과학 과목이 중요합니다. 수의학에서 배우는 약리학, 병리학 등 화학과 생명과학을 하지 않는다면 수업을 따라가기 어려울 것입니다.

7. 수의과대학 진학을 위해 학생부종합전형을 준비하는 학생들에게 도움이 될 만한 학교활동(예 : 주제탐구보고서, 논문 요약, 발표 · 프레젠테이션, 독서활동, 팀 프로젝트, 실험, 토의 · 토론 등)이 있다면 소개해주세요.

저는 정시모집으로 수의과대학에 진학을 했기 때문에 따로 수시모집 준비는 하지 않았습니다. 하지만 아직 늦지 않았다면 수시를 챙기는 것을 추천 드립니다. 오로지 정시모집만 준비하는 것은 정말 최후의 수단이고 힘든 길입니다. 늦지 않았다면 수시를 챙기시는 것이 수능 실력에 비해 몇 단계 위의 대학을 갈 수 있는 방법이라고 생각합니다.

8. 수의과대학 진학을 희망하는 학생들에게 도움이 될 만한 도서 한 권을 추천해주시고, 그 이유는 무엇인가요?

『수의사가 말하는 수의사』라는 책을 추천합니다. 저희 학교 수의대학 교수님께서 추천하신 책입니다.

9. 수의과대학에서 하는 학과 활동에는 무엇이 있나요?

반려동물축제를 개최합니다. 정말 귀여운 동물들을 볼 수 있습니다. 유기견 보호소에 봉사도 갈 수 있습니다.

10. 2023년 현재 수의과대학은 전국에 10개 대학이 있습니다. 수의예과 학생 입장에서 수의대가 더 필요한지 불필요한지 의견을 듣고 싶습니다.

저는 불필요하다고 생각합니다. 수의과대학 진학을 원하는 학생들에게는 좋겠지만, 그들이 수의사가 되고 나서는 취업이 힘들 수 있어서입니다. 동물병원은 정말 많이 생기기도 하지만, 많이 망하기도 합니다. 매년 배출되는 수의사는 적지 않습니다. 수의과대학 신설에 따른 수의사 공급 과다와 수의인력 불균형 심화, 잇따르는 경쟁 과열과, 궁극적으로는 수의 업무의 질 하락만이 예상될 뿐입니다. 문제는 수의인력 공급의 불균형이라고 생각합니다. 반려동물 임상이나 산업동물 임상과 같은 분야에서는 공급

초과 현상이 나타나고, 비임상 분야에서는 공급 부족 현상이 나타나고 있습니다. 우리나라 수의계에 필요한 것은 수의 인력 추가 양성이 아닌, 수의 인력의 균등한 분배라고 생각합니다.

CHAPTER
03

수의사 인터뷰

1 | A동물병원 원장

1. 수의과대학은 어떤 학생이 지원하면 좋을까요?

기본적으로 동물을 사랑하는 학생이 지원했으면 좋겠습니다. 특히 동물 질병(인수 공통 감염병, 동물 질병 기전) 등에 관심이 있는 학생, 동물 복지 등에 관심이 있는 학생이 지원하면 수의대 생활을 잘 할 수 있습니다.

2. 수의과대학에서는 구체적으로 무엇을 배우나요?

동물해부학, 생리학, 약학, 독성학, 공중보건학, 가축영양학, 미생물학, 유전자학, 동물실험, 동물행동의학, 동물복지학, 수의윤리학, 유기화학, 전염병학, 조류질병학 등을 배웁니다.

3. 수의과대학을 졸업하면 구체적으로 어떤 일을 하게 되나요?

50% 이상 동물병원 개원을 합니다. 나머지는 공무원, 제약회사, 대동물 농장 관리, 마사회 등으로 진출합니다.

4. 반려동물 1,500만 시대라고 하는데 동물병원이 포화상태라는 의견에 대해서 어떻게 생각 하시나요?

현재 포화상태라고 생각합니다. 인구당 수의사 수가 선진국과 비교했을 때 월등히 많습니다. 한국의 경우 수의사 1인당 약 34,392마리(2015년 기준)의 동물을 담당하는 것으로 추정하고 있는데 결국, 미국의 임상수의사 1명이 담당하는 평균 동물 수는 한국에 비해 약 5배가 많다고 합니다.

5. 수의사에게 필요한 역량과 길러야할 자질은 무엇인가요?

동물을 치료하는 기본지식 및 수술 스킬도 중요하지만 그에 못지않게 동물을 기르는 보호자의 멘탈 관리도 신경 써야 합니다. 학회 활동 참여를 통해 개인의 전문적 소질을 꾸준히 키워야 합니다. 동물병원의 경우 1인 또는 2~3인 자영업 형태이므로 경영 분야의 센스가 필요합니다. 대동물 관련 분야는 동물의 무게가 상당하고 위험도가 높은 편으로 상당한 체력이 요구됩니다.

6. 수의과대학에 진학을 해서 '영어' 과목이 입학 후 학업과 졸업 후 진로에 구체적으로 어떻게 도움이 되었나요?

영어 과목은 수의대에 들어와서 전공 공부에 큰 도움이 됩니다. 우선 전공 서적에 영어 어휘가 많이 들어가 있고, 원서를 탐색해야 하는 경우도 많습니다. 또한, 영어를 잘하면 전공 논문 활용에 편리하고, 미국 수의사 준비에 매우 유리합니다.

7. 수의과대학에 진학을 해서 '수학' 과목이 입학 후 학업과 졸업 후 진로에 구체적으로 어떻게 도움이 되었나요?

수학 공부가 전공 공부에 도움은 되지만 공학 분야보다 중요도는 덜합니다.

8. 수의과대학에 진학을 해서 '과학' 과목(예 : 물리학, 화학, 생명과학, 지구과학)이 입학 후 학업과 졸업 후 진로에 구체적으로 어떻게 도움이 되었나요?

과학 공부가 전공 공부에 도움은 되지만 공학 분야보다 중요도는 덜합니다.

9. 수의과대학에 진학을 희망하는 학생들에게 도움이 될 만한 도서 한 권을 추천해주시고, 그 이유는 무엇인가요?

피터 싱어의 『동물해방』을 추천합니다. 반려동물 천만 시대에 동물의 지위, 보호, 차별에 대해 사회적·정치적·법적인 이슈가 여전한 가운데 이에 대한 학생들의 생각을 정리해볼 수 있는 좋은 도서라고 생각해서입니다.

김희진의 『수의사라서 행복한 수의사』를 추천합니다. 수의사라는 직업, 하는 일, 고충, 보람, 미래전망 등에 대해 알아볼 수 있어 고등학생들에게 도움이 될 것이라고 생각합니다.

10. '수의장교'와 '공중방역수의사'가 없어질 것이라는 부정적 전망에 대해서 어떻게 생각하시나요?

수의장교 또는 공중방역수의사의 복무기간이 36개월이기 때문에 현행 1년 6개월의 일반 군생활을 선택하는 남자 수의사들이 많아질 것으로 전망합니다.

11. 2023년 현재 수의과대학은 전국에 10개 대학이 있습니다. 수의사 입장에서 수의대가 더 필요한지 불필요한지 의견을 듣고 싶습니다.

현재도 포화상태이므로 추가로 수의대를 개설할 필요는 없습니다. 다만, 지역별 개원 분포를 보면 소도시 개원의 수가 적으므로 지방의 균형이 필요하긴 합니다.

12. AI 시대, ChatGPT 시대 인간의 의료 행위가 필요할까요? 그렇다면 수의예과의 비전은 무엇인가요?

임상수의는 특히나 정교한 테크닉과 체력이 필요한 분야라 기계로 대체하기는 아직 이른 것으로 보이며, 보호자와 치료대상인 강아지와의 정서교감이 중요합니다. 수술과 같은 외과적 처치나 물리적인 치료가 대부분을 차지하므로 AI나 ChatGPT와는 크게 관련이 없습니다. 다만, 지식적인 면에서 부분적인 활용도는 있을 것으로 생각합니다.

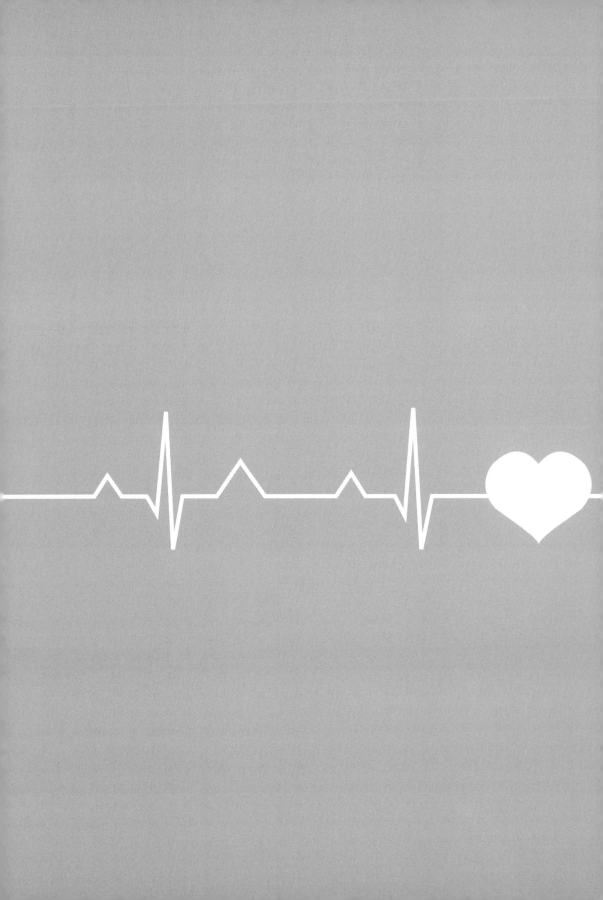

3

수의과대학
면접

수의과대학 면접 문항

1 전남대학교

● 2023학년도 선행학습 영향평가 결과보고서에서 발췌

■ 학업 수행 역량

• 수업에서 발표했던 ○○에 대해 설명해보고, 자료 조사 과정 중 새롭게 알게 된 내용은 무엇인가요?

• ○○ 관련된 신문 기사들을 꾸준히 읽고 지원자의 생각을 정리하여 기록한 활동을 하였는데 가장 기억에 남는 내용은 무엇인가요?

• ○○ 수업에서 보고서를 통해 자신의 생각을 잘 표현한 경험이 있는데 어떤 내용인가요?

• ○○ 수업의 토론에서 주장한 지원자의 입장과 이를 뒷받침할 수 있는 근거에 대해 이야기해보세요. 토론활동을 통해 배운 점이 있다면 무엇인가요?

• 지원한 모집단위에 어떤 교육과정이 있는지 탐색해보았나요? 지원하기 위하여 특별히 노력을 기울여 참여한 학습활동을 소개해보세요.

• ○○ 진로선택과목을 선택하여 수강한 이유는 무엇인가요? 해당 과목에서 인상 깊게 학습했던 내용에 대해 소개해보세요.

• 교내 미개설 과목이지만 진로활동을 통해 ○○교과가 전공과 관련성이 높다고 인식하고 학습하였는데 어떠한 점이 관련성이 있다고 판단하게 해주었나요?

• ○○에 흥미를 갖게 된 계기가 무엇인가요? 대학에 입학하여 가장 배우고 싶은 분야와 진로를 연계해서 설명해보세요.

- ○○교과에서 ○○ 주제로 실험하면서 가장 힘들었던 점은 무엇이고, 어떻게 해결하고자 노력하였나요?

■ 인성 역량

- ○○ 역할을 수행하였는데, 이 역할을 담당하기 전에 계획했었던 목표 중 잘 이행된 공약과 미흡했던 공약에 대해 이야기해 보세요. ○○ 역할을 통해 배우고 느낀 점은 무엇인가요?
- ○○ 대회에서 공동수상하였는데 팀 내에서 지원자의 역할과 기여도에 대해 이야기해보세요.
- 봉사활동 시수가 상대적으로 적은 편인데, 자신의 봉사활동이 진정성 있는 봉사활동임을 설명할 수 있나요? 봉사활동으로 기록되지 않았지만 지원자가 생각했을 때 봉사라고 생각한 활동이 있다면 소개해보세요.
- '○○하는 역량이 뛰어나다'라는 담임교사의 평가가 있는데 이를 보여줄 수 있는 사례에 대해 이야기해보세요.
- 미인정 지각 및 결과가 기록되어 있는데 어떠한 사유 때문이었나요?
- ○○ 활동을 통해 배운 배려심과 협동정신을 가장 잘 발휘했던 경험에 대해 이야기해보세요.
- 친구들에게 추천해주고 싶은 도서가 있다면 무엇이고, 그 이유는 무엇인가요?
- 학업 외 활동 중 지원자에게 가장 의미 있는 활동은 무엇이며, 느끼고 배운 점은 무엇인가요?

■ 학업 수행 역량

- ○○학과(부)에 지원하게 된 동기와 지원자가 기울인 노력은 무엇인가요?
- 본인의 자질 중 ○○학과(부) 학업 수행에 장점이 되는 점과 그 이유는 무엇인가요?
- ○○학과(부)에서 가장 관심 있는 분야와 이유는 무엇인가요?
- ○○동아리활동에서 실험(토론)에서 본인의 역할과 활동 후 느낀 점은 무엇인가요?
- ○○학과(부)를 전공하여 졸업 후에 하고 싶은 것은 무엇인가요?
- 성적이 미흡했던 과목(또는 좋아하는 과목)의 향상을 위하여 어떠한 노력을 하였는가요?
- ○○교과를 열심히 공부하였는데, 수업내용(실험 등) 중 기억에 남는 것이 있나요?
- 고교에서 가장 좋아하는(열심히 공부한) 과목과 ○○전공과는 어떠한 연계성이 있나요?
- 이수하지 못한 교과목에 대한 대책과 노력은 무엇이 있었는지 말해보세요.
- ○○동아리 활동을 통해 지원자가 ○○진로에 자질이 있다고 판단한 이유는?
- ○○진로에 필요한 직업윤리나 직업관은 무엇이라 생각하나요?
- ○○수업에서 보고서를 통해 자신의 생각을 잘 표현한 경험이 있는데 어떤 내용인가요?
- 지원한 모집단위에는 어떤 교과과정이 있는지 탐색해보았나요?
- ○○수업의 토론에서 자신의 주장을 논리적으로 뒷받침할 수 있는 근거는 무엇이고, 이를 위해 학습한 활동은 무엇인가요?
- ○○대회는 지원자의 어떤 역량이 발휘된 활동이었는지 설명해보세요.
- 교과서에서 배운 내용에 대해 지적 호기심을 가지고 해결해본 경험이 있나요?
- 공부하기 가장 어려운 교과목은 무엇인가요? 성적 향상을 위하여 어떤 노력들을 하였나요?
- 교내에서 다양한 역할을 수행하면서도 학업에 소홀하지 않고 향상될 수 있었던 노력에 대해서 설명해보세요.

■ 인성 역량

- 본인의 장점이 ○○학과(부) 학생이 될 때 어떠한 시너지를 낼 수 있다고 생각하시나요?
- 지원자 성격의 장점과 그것이 잘 드러난 경험이 있다면 소개해보세요.
- 미인정 결석이 있었던 이유는 무엇인가요?
- 나눔과 배려를 실천한 사례가 있으면 소개해주세요.
- 행동특성 및 종합의견에서 선생님이 학생을 ○○라고 표현하고 있는데 그 이유는 무엇인가요?
- 반장(회장 등)역할을 수행하였는데 가장 기억에 남는 활동은 무엇인가요?
- 학교생활 중 리더십을 발휘한 경험이 있나요? 그 활동이 리더십 발휘 경험이라고 생각하는 이유는 무엇인가요?
- 리더의 가장 중요한 역량과 역할은 무엇이라고 생각하나요?
- 공동체 활동 중 겪었던 갈등을 해결하기 위한 본인의 노력을 소개해주세요.
- 가장 기억에 남는 학교활동은 무엇이며, 활동을 하면서 느낀 점은 무엇인가요?
- 학업 외 활동 중 자신에게 가장 의미 있는 활동은 무엇이며 활동을 통해 배우고 느낀 점은 무엇인지 설명해보세요.
- 구성원 간에 갈등이 생겼을 때 해결해본 경험이 있나요?
- ○○동아리 활동을 통해 배운 배려심과 협동 정신이 잘 발휘된 수업활동 내용을 설명해보세요.
- 교내 ○○으로서 다양한 학생 자치 활동을 주도하였는데, 본인이 학교(학급) 발전을 위해 새롭게 시도한 것이나, 개선하였던 부분이 있다면 소개해주세요.
- 지원자의 장점과 단점은 무엇인가요? 단점을 극복하기 위하여 어떤 노력을 하였나요?
- 참여했던 독서토론 중 기억에 남는 토론 주제와 발표 내용이 무엇이 있는지 말해보세요.

● **2021학년도 학생부종합전형 면접 안내에서 발췌**

■ **인성 및 가치관 영역(공통)**

- 전 세계적으로 코로나19 감염을 예방하기 위하여 비대면을 중심으로 하는 문화가 새롭게 생겨났다. 이러한 문화가 우리의 삶에 미치는 긍정적 영향과 부정적 영향을 각각 설명하고, 부정적 영향을 극복하기 위한 방안을 제시하시오.

- 최근 일부 지역에서 채식주의자 등 채식을 선호하는 일부학생들을 위하여 채식선 택제를 학교급식에 도입하였다. 이 제도에 대한 찬성 또는 반대 의견을 제시하고, 그 이유를 구체적으로 설명하시오.

- 코로나19 감염 예방 및 확산 방지를 위하여 정부가 시행하는 방역조치들이 개인의 사생활을 침해한다는 주장이 있는 반면, 감염확산을 막기 위한 공익이 우선이라는 양쪽 주장이 강하게 맞서고 있다. 이에 대해 본인은 개인과 공공의 이익 중 어떤 것이 더 우선적으로 고려되어야 한다고 생각하는지 의견을 제시하고, 그 이유를 구체적으로 설명하시오.

- 최근 전동 킥보드 관련 안전사고가 급증하면서 연령과 면허제한 없이 전동 킥보드를 운행해도 된다는 입장과, 특정 연령 이상의 면허 취득자들만 운행해야 한다는 의견이 있다. 이에 대한 본인의 의견을 제시하고, 그 이유를 설명하시오.

- 최근 택배 노동자들이 과다한 업무로 과로사하는 일이 자주 발생하고 있다. 이러한 문제가 발생하는 원인과, 그 해결책에 대한 본인의 의견을 제시하시오.

- 한 지방자치단체에서 버스의 외부 후면에 설치된 거치대나 실내의 휠체어 빈 공간에 자전거를 반입할 수 있게 하는 계획안을 발표했다. 이 계획안에 대한 본인의 의견을 말하고, 발생가능한 문제점에 대한 해결방안을 제시하시오.

■ **잠재능력 및 발전가능성(인문계열)**

- 코로나19의 확산으로 인해 심각한 국가 경제침체가 우려된다. 이 때문에 정부는 몇 차례의 추경 편성을 통해 복지 지출을 확대하고 있다. 이런 정부의 복지 지출 확대가 국가경제에 미칠 수 있는 장점과 단점에 대해서 자신의 의견을 말하시오.

- 현재 세계보건기구(WHO)에서 외국인 치료비 지원을 권고하고 있는 가운데 우리 정부는 상호 호혜원칙에 입각해 국내로 입국한 외국인 코로나19 확진자에게 치료비를 전액 또는 일부 부담하도록 하고 있다. 우리 정부의 상호 호혜원칙에 대한 학생의 찬성 또는 반대의견을 말하시오.
- 최근 경제계의 뜨거운 논쟁거리는 현대기아자동차가 약 20조 원 규모의 중고차 시장에 진출하는 것에 대한 기대감과 우려이다. 이처럼 소상공인들이 활동하는 소규모 시장에 대기업이 진출하는 것에 대해서 다양한 의견들이 존재한다. 이 문제에 관해서 자신의 의견을 말하시오.
- 최근 정부의 의대정원 확대 및 공공의대 정책에 반대하여 의사 국가고시를 미응시한 의대생들에 대해 재응시 기회를 주어야 한다는 주장과 불허해야 한다는 주장이 맞서고 있다. 이에 대한 본인의 의견을 제시하시오.
- 최근 세계적인 한류문화의 중심에는 방탄소년단(BTS)과 같은 대중문화 예술인 및 체육인에 대한 군입대 면제 이슈가 제기되고 있다. 이들 대중예술인 및 체육인들에 대한 군입대 면제에 대한 찬반의견과 그 이유를 설명하시오.
- 최근 '키즈 유튜버'에 대한 아이들과 부모들의 관심이 증가하고 있다. 이러한 '키즈 유튜버' 활동에 대한 긍정적 측면과 부정적 측면을 설명하시오.

■ 잠재능력 및 발전가능성(자연계열)

- 코로나19와 같은 바이러스 감염병 예방을 위한 생활방역 중 하나로 비누를 사용한 손 씻기가 있다. 비누를 사용한 손 씻기가 어떻게 바이러스 감염을 예방할 수 있는지 그 원리를 설명하시오.
- 태양에너지가 생성되는 원리와 이 에너지가 지구 및 생명체에 미치는 영향에 대해서 설명하시오.
- 곡물, 포도 등의 천연원료로 발효시켜 만든 알코올(Alcohol)과 석유로 만든 알코올은 화학적으로 동일하며 맛도 똑같다. 이러한 천연 알코올과 석유로 만든 알코올을 구분하는 방법을 방사성 동위 원소를 이용하여 설명하시오.
- 생명체를 구성하는 기본물질인 지질, 단백질, 탄수화물뿐만 아니라 유전물질은 모두 탄소 화합물이다. 이렇게 생명체를 구성하는 물질들이 다양한 탄소 화합물로 이루어진 이유를 설명하시오.
- 지구 중력에 의해 사과는 땅으로 떨어지는 반면, 달은 떨어지지 않는 이유를 설명

하시오.

- 구제역과 같은 동물 전염병이 발생하면 예방적 살처분이라는 방역 조치를 한다. 이로 인해 국가 방역과 농가의 재산권 및 동물권(동물 보호 및 복지) 사이에 이해 충돌이 발생하는 경우가 있는데, 이 문제에 대한 해결 방안에 대해 설명하시오.

● 2024학년도 전북대학교 입학전형 안내에서 발췌

■ 인성 및 사회성

- 다른 사람들과 생활하거나 활동을 수행할 때, 본인만의 장점이나 특징이 있다면?
- 타인과 소통이 잘 이루어졌던 경험이 있다면 말해보라.
- 타인과 공감(共感)하기 위해 필요한 요소는 무엇이라고 생각하며, 본인의 공감능력은 어떠하다고 생각하는가?
- 고교 생활 중 팀 프로젝트를 수행한 경험이 있다면 어떤 활동이었으며, 본인은 어떠한 역할을 했는지 말해보라(동아리 활동, 수행평가, 봉사활동 등).

■ 전공적합성 및 발전가능성

- 지원동기와 지원학과에 입학하기 위해 노력한 점이 있다면 무엇인지 말해보라.
- 본인의 후배나 친척이 지원학과에 대해 질문한다면, 어떻게 설명할 것인가?
- ○○학과에 입학하게 되면 가장 공부하고 싶은 분야, 하고 싶은 활동은 무엇인가?
- ○○학과에서 성공적인 대학생활을 위해 가장 필요한 역량은 무엇이라고 생각하는가? 그렇다면 본인은 그 역량을 가지고 있다고 생각하는지? 만약 가지고 있지 않다고 생각한다면 향후에 어떤 노력을 기울일 계획인지 말해보라.
- 고등학교 때 가장 좋아했던 과목은 무엇이며, 그 이유에 대해 말해보라.
- 고등학교 때 가장 어려워했던 과목은 무엇이며, 이를 극복하기 위해 어떤 노력을 기울였는가?
- 고등학교 때 선택하여 수강한 과목 중 본인에게 도움이 되었던 과목은 무엇인가?
- 본인이 가장 열심히 수행했던 고등학교 활동이 하나 있다면 무엇인가?
- 본인이 읽은 책 중 면접관에게 추천하고 싶은 책이 있다면 무엇인가?

3 | 충남대학교

● **2023학년도 선행학습 영향평가 결과보고서에서 발췌**

- ○○○학과에 지원한 동기와 희망하는 진로는 무엇입니까?
- ○○○학과에 지원하기 위하여 고교교육과정 중 본인이 가장 많이 노력을 기울인 활동은 어떤 것입니까?
- 학교생활기록부를 보면 ○○ 봉사활동을 지속적으로 하였는데 그 이유와 활동을 하면서 기억에 남는 일이 있었다면 무엇입니까?
- 지원전공과 관련하여 읽은 도서가 있다면 말씀해주세요.
- ○○○학과에 대한 이해도를 높이기 위하여 본인이 노력을 기울인 부분이 있다면 어떤 것입니까?
- 학교생활기록부에 기재된 ○○과목 수업시간에 활동한 ○○활동에 대해서 설명해 줄 수 있습니까?
- ○○○학과 지원 동기는?
- ○○○학과 입학을 위해 준비해온 것이 있다면?
- ○○○학과 입학 후 주로 공부하고 싶은 세부 분야는?
- ○○○학과 졸업 후 계획하고 있는 진로 분야는?

● 2023학년도 충남대학교 학생부종합전형 가이드북 안내에서 발췌

■ 면접 시작을 위한 기본 질문

- 충남대학교 캠퍼스를 본 느낌이 어떤가요?
- 오늘 면접에 오면서 어떤 생각을 하면서 왔나요?
- 진로희망과 연관 지어 지원 동기에 대해 간단하게 말해보세요.

■ 지원자의 전공적합성을 파악하기 위한 기본 질문

- 우리 학과 전공 이수에 혹은 지원자의 진로희망을 달성하기 위해 필요한 역량들을 무엇이라고 생각하나요?
- 전공 관련 교과(수학, 물리, 영어 등) 학습을 하면서 어려웠던 점과 어려움을 극복하기 위해 어떤 노력을 기울였나요?
- 지원 전공과 관련하여 읽은 책 중에 기억에 남는 책이 있다면 이유와 간단한 내용을 설명해주세요.
- (지원자의 교과세부특기사항 및 진로활동에 지원 학과와 관련하여 수행한 내용) ○○활동을 수행하면서 어려웠던 점이나 활동을 통해 배운 점은 무엇인가요?
- (지원 학과와 관련하여 수행한) 동아리 활동에 대한 소개 및 기억에 남는 활동은 무엇인가요?
- 지원 학과와 관련하여 이슈가 되고 있는 사건 및 내용에 대한 질문

■ 지원자의 인성을 파악하기 위한 기본 질문

- 고등학교 생활을 하면서 리더의 역할을 수행한 경험이 있나요? 있으면 수행했던 역할에 대해 간단하게 설명해주세요. 수행한 경험이 없다면 지원자가 생각하는 리더는 어떤 역량을 갖추어야 한다고 생각하나요?
- 친구들과 공동의 목표를 설정하고 달성을 위해 노력했던 경험이 있나요? 있다면 간단한 설명과 함께 지원자가 수행했던 역할이 무엇이었는지 답변해주세요.
- 존경하는 인물과 인물의 어떤 점 때문에 존경하게 되었나요?
- 고등학교 생활을 하면서 기억에 남는 선생님이나 친구가 있나요? 있다면 어떤 부분 때문에 기억에 남게 되었나요?
- 스스로 생각하는 장점과 이유에 대해 말해주세요.

- 자신의 단점과 단점을 극복하게 위해 수행한 혹은 수행할 노력은 무엇인가요?

■ 지원자의 자기주도성 및 학업 역량을 파악하기 위한 기본 질문

- 자신만의 공부법이나 학습전략이 있나요?
- 고등학교 과정에서 특별히 관심을 두고 좋아했던 교과목이 있나요? 좋은 성과를 얻기 위해 어떤 노력을 수행했나요?
- 참여했던 교내 대회 중에 기억에 남는 대회가 있나요? 어떤 노력들을 기울였고 어떤 성과를 얻을 수 있었나요?
- 스스로 목표를 설정하고 노력했던 활동이 있나요? 목표를 설정하게 된 이유와 수행한 노력들은 무엇이 있나요?
- 대학에 입학한 후 어려운 이론이나 문제를 접했을 때 해결하기 위해 어떤 노력과 활동을 수행할 수 있을까요?
- 입학 후 계획한 학업계획이나 진로계획에 대해 얘기해보세요.
- 충남대학교 혹은 지원학과에 대해 얼마나 알고 있나요? 또 그것을 알기 위해 어떤 노력을 기울였나요?

■ 면접 종료를 위한 질문

- 답변을 준비했는데 질문을 받지 못해서 아쉬운 내용이 있으면 얘기해보세요.
- 마지막으로 하고 싶은 말이 있으면 해보세요.

● **2021학년도 일반학생전형**(제주대학교 2021학년도 학생부종합전형 면접질문 예시에서 발췌)

• 제주대학교 해당 학과(전공)을 선택한 동기와 입학 후 학업계획에 대하여 자유롭게 답변하시기 바랍니다.

● **2021학년도 소프트웨어인재전형**(제주대학교 2021학년도 학생부종합전형 면접질문 예시에서 발췌)

• 자신의 성격이나 사고방법이 컴퓨터 프로그래밍에 적합한 이유를 말해보세요.
• 자신이 4차 산업혁명 시대의 소프트웨어 인재가 되려면 어떤 노력이 필요하다고 생각하는지 말해보세요.
• 고교 활동 중 자신의 꿈을 이루기 위해 어떠한 노력을 기울여왔는지를 말해보세요.
• 지원자의 장점과 단점은 무엇이며, 단점을 보완하기 위해 기울인 노력에 대해 말해보세요.
• 고교 활동 중 다른 사람과 협동을 통해 문제를 해결한 활동 또는 경험을 이야기하고 그러한 경험이 자신에게 어떠한 영향을 미쳤는지 말해보세요.

● **2020학년도 일반학생전형**(제주대학교 2020학년도 학생부종합전형 면접질문 예시에서 발췌)

• 지원동기는 무엇인가요?
• 본 학과에 지원하게 된 동기와 본인의 장래 희망이 일치하나요? 혹시 불일치한다면 나중에 정체성의 혼란을 어떻게 극복할 수 있을까요?
• 전공 선택에 있어 부모님과 대화를 통해서 결정한 것인가요, 아니면 스스로 결정한 것인가요?
• 고교 재학 중 가장 의미를 가지고 노력한 활동 무엇인가요?

- 진로희망이 변경된 이유(계기)와 이후 진로를 위한 노력은 무엇이 있나요?
- 가장 친하다고 생각하는 친구와 지금도 연락하고 있나요? 그 친구에 대해 홍보해 보세요.
- 입학 후 과대표가 된다면, 학급의 분위기를 어떻게 이끌어갈지, 어떻게 리더십을 발휘할지 얘기해보세요.
- (관련 분야에서) 존경하는 인물과 그의 업적을 설명해보세요.
- (관련 분야에서) 공부함으로 사회에 기여할 수 있는 방법은 무엇일까요?
- 수상경력 중 가장 기억에 남는 수상경력은 무엇이고 그 이유를 말해보세요.
- 지원학과의 특성이 고교의 주요 교과목들과 겉으로 보기엔 관련성이 높지 않을 수 있습니다. 그럼에도 불구하고 교과발달상황이 지원 학과에서의 전공수행에 도움을 줄 수 있다는 어떤 점들이 있을까요?
- 본 학과를 지원하기로 생각한 것이 언제부터인가요? 갑자기 성적에 맞춰서 지원한 것인지, 예전부터 성적과 관계없이 가고 싶었던 과였는지요?
- 학년 대표가 된다면, 어떻게 이끌어가겠습니까?
- 진정한 우정이란 어떤 것이라 생각합니까?
- 학창 시설 무언가 어려웠던 경험이 있다면 어떻게 극복했는지 이야기해줄 수 있습니까?
- 현실적으로 불가능하지만 다시 고등학교 생활을 할 수 있는 기회가 있다면 꼭 해보고 싶은 일이 있나요?
- 입학 후 대학생활 동안에 하고 싶은 공부 및 기타활동이 있다면 얘기해보세요.
- 고등학교 생활 중 본 전공을 선택하기 위한 활동은 무엇인가요?
- 본인이 읽은 ○○책을 통해 어떤 점이 성장했다고 생각하는지 말해보세요.
- ○○책(지원학과 관련)에 대해서 얘기해보세요.
- 자신이 가장 자랑스럽게 생각하는 모습은 무엇이라고 생각하는지요?
- 대학 진학 이후의 진로 계획이 궁금합니다.
- 전공 관련 동아리 활동의 의미와 인상 깊었던 내용이 있다면 말해보세요.
- 대학 진학 시 기초수학능력이 부족하다고 느낀다면 어떻게 대처할 생각인가요?
- ○○활동(전공 관련)을 하게 된 동기는 무엇인가요?

● 2019학년도 일반학생2, 사회통합, 농어촌학생, 특성화고출신자, 특수교육대상자(제주대학교 2019학년도 학생부종합전형 면접질문 예시에서 발췌)

- 간단한 자기소개 해주세요.
- ○○○학과에 지원하게 된 동기는 무엇인가요?
- ○○○학과 입학 후 학업계획은 어떻게 되나요?
- 신의 장·단점은 무엇이고 단점을 보완하고자 기울인 노력이 있다면 얘기해주세요.
- 본인 스스로 고교생활에 대한 평가를 한다면 어떤가요?
- 학교생활 중 어려움을 겪었던 학업활동이 있었나요? 있었다면 그것을 어떻게 극복했나요?
- ○○○가 갖추어야 할 가장 중요한 자질이 무엇이라고 생각하나요? 그리고 본인은 그것을 갖추었나요?
- 선생님이 '○○'이라고 평가했는데, 왜 그런 평가를 받았다고 생각하나요?
- 지원자의 학교생활기록부 중 아쉽다고 생각하는 한 가지가 있다면 무엇인가요?
- 재학기간 중 지원한 학과와 관련되어 했던 활동이 있나요?
- 학업성적을 유지/상승시킬 수 있었던 자신만의 비법이 있다면 소개해주세요.
- 성적추이가 상승(또는 하락)하고 있는데, 그 이유는 무엇인가요?
- 진로희망과 다른 ○○○학과를 지원하게 된 이유가 있나요?
- 가장 기억에 남는 선생님과 그 이유는 무엇인가요?
- ○○과목 중 가장 관심이 있는 분야는 무엇인가요?
- 가장 좋아하는 과목/싫어하는 과목은 무엇인가요?
- 전공수업(특성화고) 중 가장 노력을 기울인 과목은 무엇인가요?
- ○○시간에 발표한 내용 중 ○○에 대해 짧게 소개해줄 수 있나요?
- 본인에게 가장 의미 있었던 수상은 무엇이고 그 이유는 무엇인가요?
- ○○○동아리 ○○을 맡으면서 가장 기억에 남는 일이 있다면 무엇인가요?
- ○○○동아리를 선택한 이유와 동아리 활동으로 어떤 것을 얻었나요?
- 다양한 동아리활동 중 가장 인상 깊은 동아리활동은 무엇인가요?
- ○○○활동 중 갈등관리에 대한 내용이 나오는데 구체적으로 어떻게 해결했나요?
- ○○○교내 대회 참가 시 어떠한 아이디어를 제시했는지 구체적으로 얘기해주세요.
- 진로활동 중 가장 기억에 남는 내용이 있다면 얘기해주세요.

- 독서활동 중 ○○○책에서 기억에 남는 내용이 있다면 얘기해주세요.
- 독서활동 중 가장 기억에 남는 책이 있다면 그 이유를 얘기해주세요.
- 독서활동이 ○학년 때는 거의 없는데, 그 이유는 무엇인가요?

● 제주대학교 2021학년도 의예과 면접 기출문제에서 발췌

■ 면접 공통 질문

- 제주대학교 해당 학과(전공)을 선택한 동기와 입학 후 학업계획에 대하여 자유롭게 답변하시기 바랍니다.

■ 일반학생 · 지역인재전형 의사관

- 최근 동물용 구충제인 '펜벤다졸'이라는 약물이 말기암 환자에서 항암효과가 있다는 얘기가 SNS를 통하여 급속하게 퍼지고 일부 유명인도 복용사실을 알리면서 논란이 되고 있다. 말기암 환자의 증상이 호전되었다는 얘기가 퍼지면서 청와대 국민청원에도 하루 빨리 항암제로 쓸 수 있도록 하자는 청원이 등록되어 많은 사람들의 공감을 얻고 있는 반면 식약처와 대한암학회 등의 기관에서는 항암제를 포함한 모든 의약품은 사람을 대상으로 한 임상시험에서 안전하고 효과가 있는지 입증해야 한다며 '펜벤다졸'을 암환자에게 사용하는 것은 적절치 않다고 밝혔다. 이러한 논란에 대한 응시자의 생각을 말하시오.

■ 일반학생 · 지역인재전형 교양 및 예절

- 최근 한 30대 네티즌이 친구의 부모님으로부터 '젓가락질이 서투르다'고 지적을 받은 후 유아용 젓가락으로 젓가락질 연습을 하는 사진을 본인의 사회관계망(SNS)에 올려 인터넷상에서 논란을 일으켰다. '지나친 간섭이다', '서양의 테이블 매너처럼 젓가락 사용도 예절이다'등의 다양한 반응이 있었다. 당신이 이 네티즌이라면 어떻게 반응하겠는가? 본인이 생각하는 예절의 의미와 함께 말하시오.

■ 일반학생1 · 지역인재전형 의사관

- 2018년 10월 서울 강서구 PC방 아르바이트생 피살 사건이 발생하였다. 사망 직전의 피해자를 진료한 의사가 참혹한 환자 및 진료 내용에 대한 상세한 글을 SNS에

공개하였고, 이후 심신미약을 주장하는 살인 피의자를 엄벌해달라는 국민 청원으로 이어졌다.

환자 상태를 공개한 의사의 행동이 '공익적 목적'에 부합하는 행동인지? 진료내용을 공개한 '의료윤리' 위반인지? 응시자의 생각을 말하시오.

- **일반학생1 · 지역인재전형 교양 및 예절**
  - 의사 중에 존경하거나 닮고 싶은 사람이 있는지, 있다면 어떤 점 때문에 존경하게 되었고, 나는 어떤 사람이 되고 싶은지 이야기하시오.

5 | 건국대학교

● 2024 KU학생부위주전형 안내에서 발췌

■ 모집단위별 면접 문항 사례_수의예과

- 동물심리학을 주제로 동물심리학의 긍정적인 측면과 부정적인 측면에 대하여 발표하였는데, 이에 대해 설명해주세요.
- 동물복지법에 대해서 탐구하였는데, 가장 인상 깊었던 동물복지법은 무엇이었나요?
- EHV-1이 증식할 수 있는 세포주를 선정하기 위한 연구를 수행하였는데, 세포주란 무엇인가요? 어떤 세포주를 선정하였나요?

● 2023 KU학생부종합전형 가이드북에서 발췌

■ 모집단위별 면접 문항 사례_수의예과

- 생명과학Ⅱ 시간에 SNP를 이용한 전유전체 연관 연구를 통해 유전자의 기능을 결정하는 방법을 알게 되었다고 했는데, SNP는 무엇의 약자이고, 알게 된 방법은 무엇인가요?
- 생명과학실험 수업에서 동물 해부를 진행했다고 했는데, 어떤 동물을 해부했나요?
- 행동 전문 수의사를 희망한다고 했는데, 반려동물들의 행동문제에는 어떤 것들이 있나요?

● 2022 KU학생부종합전형 가이드북에서 발췌

■ 모집단위별 면접 문항 사례_수의예과

- 행동전문 수의사를 희망한다고 했는데, 반려동물들의 행동문제에는 어떤 것들이 있나요?
- 생명과학실험 수업에서 동물 해부를 진행했다고 했는데, 어떤 동물을 해부했나요? 해부 과정을 구체적으로 설명해볼까요?
- One Health 관점에서 산업동물의 질병을 탐구했다고 했는데, One Health란 무엇인가요? 산업동물 수의사는 어떤 역할을 하나요?

● 서울대학교 2023학년도 선행학습 영향평가 결과보고서에서 발췌

■ 제시문 내용 예시

- 수의사가 갖추어야 할 덕목
- 야생 고라니의 마을 출몰에 대한 주민 및 지자체의 대응방법에 대한 제시문
- 송아지 면역력과 초유와의 관계에 대한 제시문
- 동물유래 인체 감염성 질환 발생 증가에 대한 제시문
- 젖소 출산 과정에 대한 개인적 도움과 이에 따른 법적 문제
- 국가재난형 전염병에 대한 대응방법

● 2024 학생부위주전형 안내에서 발췌

■ 공통 면접문항 예시

- 지원동기에 대해 들어볼까요?
- 지원 분야에 관심을 갖게 된 계기는 무엇인가요?
  ① 관심 분야에 대해 알기 위해 자신이 노력한 일들은 무엇인가요?
  ② 그래서 더 알게 된 것이 있나요?
  ③ 더 공부하거나 노력해야 한다고 생각하는 점은 무엇인가요?
- 자신이 지원한 학과에 본인이 적합하다고 생각하는 이유는 무엇인가요?
- 전반적인 성적보다 ○○교과 성적이 낮은데 그 이유가 있나요?
  ① ○○교과의 성적을 올리기 위해 노력한 것이 있나요?
  ② 대학에 입학하면 ○○관련 과목을 어떤 방법으로 공부할 계획인지?
- ○○교과를 선택한 이유가 있나요? or ○○교과를 선택하지 않은 이유가 있나요?
- ○○교과시간에 작성한 ○○보고서의 핵심 내용을 간략하게 설명해보세요.
  ① 지원자가 깨달은 바는 무엇인가요?
  ② 더 궁금한 사항은 어떻게 해결했나요?
- ○○에 대한 토론 활동을 했네요, 어떤 활동이었나요?
  ① 본인의 의견은 어떤 내용이었나요?
  ② 왜 이런 주장을 하였나요?
  ③ 반박주장에 대해 어떤 논리로 설득하였나요?
- ○○에 대해 탐구했다는 기록이 있네요. ○○은 무엇인가요? (or 무엇의 약자인가요?)
  ① 이에 대한 자신의 생각과 해결방안을 말해보세요
  ② ○○과 관련한 사례는 어떤 것들이 있나요?
- 진로와 관련되어 취미가 ○○ 관련 뉴스와 기사 찾아보기라고 했네요. 기억에 남는 기사는 무엇인가요?
  ① 그 이슈에 대한 본인의 생각은 어떤가요?

- 동아리 시간에 관심 있는 실험을 많이 진행했는데, 실험동기와 내용은 무엇인가요?
  ① 그 과정에서 배운 점이 무엇인가요?
  ② 자신이 한 역할은?
  ③ 실험에 아쉬운 점은 없었나요?
  ④ 더 해보고 싶은 실험이나 공부가 있나요?
- ○○과목에서 ○○책을 읽고 ○○이라는 사실을 알게 되었다고 했는데, 이런 내용을 활용한 경험이 있나요?
  ① 추가적으로 더 궁금한 사항은 없었나요?
- 학교라는 공동체 생활 속에서 기억에 남는 협업 활동이 있었나요?
  ① 그 활동을 하면서 친구(교사 혹은 선배 등)와의 소통을 통한 협업에는 문제가 없었나요?
  ② 어려움이 있다면 어떻게 극복했나요?
- 선생님이나 친구들은 자신을 어떤 학생이라고 생각할까요?
  ① 그 근거는 무엇인가요?
- 오늘 면접을 진행하면서 보충하고 싶은 답변 혹은 마지막으로 하고 싶은 말이 있다면?

● **2023학년도 선행학습 영향평가 결과보고서에서 발췌**

■ 모집단위별 공통 추출 문항

- ○○학과에 지원한 동기는 무엇인가요?
- ○○학과에 지원하기 위한 노력 혹은 활동은 무엇인가요?
- 동아리활동 중에 가장 기억에 남는 활동은 무엇인가요?
- 학업에서 가장 어려웠던 점과 극복을 위해 기울인 노력은 무엇인가요?
- 고교생활 중 가장 기억에 남는 것과 그 이유는 무엇인가요?
- 단체생활(공동체 생활)에서 가장 중요하게 여기는 점은 무엇인가요?
- ○○학과(분야)에서 가장 관심 있는 분야는 무엇인가요?

■ 수의예과 개별문항

- 동물실험에 대한 본인의 생각, 동물원은 있어야 하는가에 대한 본인의 생각을 말하시오.
- 주변이 어려운 상황에 처했을 때 도운 경험이나 공감하여 해결을 위해 노력한 경험이 있다면 말하시오.

모의면접 활동지

1 │ 모의면접 양식 [1]

학생 성명		지원 대학교	
지원 전형		지원 모집단위	

학생부	5. 창의적 체험활동상황 – 자율활동 □ 동아리활동 □ 봉사활동 □ 진로활동 □ 6. 교과학습 발달상황 □ / 교과 세부능력 및 특기사항 □ / 개인별 세부능력 및 특기사항 □ 8. 행동특성 및 종합의견 □ *독서가 기록된 학생부 항목 □		

	관련항목	주요활동
학생부		

예상 질문	
답 변	
잘한 점	
보완할 점 어려운 점	

2 | 모의면접 양식 [2]

학생 성명		지원 대학교	
지원 전형		지원 모집단위	

구분	영역	내용
기본소양	도입	Ice Breaking ☞ 면접 유의사항 전달
	인성	자기소개/가치관(롤모델, 좌우명, 장단점, 책, 역경극복)
		지원동기(열정과 의지)
		준비와 노력, 경험(자기주도, 목표 달성 경험)
		리더십(자질, 발휘사례), 봉사(의미, 경험, 이유)
		학업계획(학교생활)
		졸업 후 진로계획(10년 뒤 모습)
		마지막으로 하고 싶은 말(포부), 준비한 질문, 선발 이유
	적성	지원한 대학교 '인재상, 교육목표, 특•장점'
		지원한 모집단위 및 전공탐색(흥미와 관심도), 전공 관련 시사 이슈, 관심 과목
서류 확인	학생부	

학생 성명		지원 대학교	
지원 전형		지원 모집단위	

자기소개	
특 기 :	
취 미 :	
좌우명 :	
피드백 :	

지원동기, 학업계획 및 진로계획	
지원동기 :	
학업계획 및 진로계획 :	

지원 대학교 정보 :	지원 모집단위 정보 :
피드백 :	

4 | 모의면접 양식 [4]

학생 성명		지원 대학교	
지원 전형		지원 모집단위	

1. 지원동기	
피드백:	

2. 학업계획 및 진로계획	
피드백 :	

3. 인상 깊은 활동과 그 이유	
피드백:	

4. 자기소개	
피드백:	

5. 마지막으로 하고 싶은 말	
피드백:	

5 | 모의면접 양식 [5]

학생 성명		지원 대학교	
지원 전형		지원 모집단위	

1. 지원대학교와 지원전공에 대한 지원동기와 자신의 어떠한 점이 지원대학교와 지원전공 특성에 부합하는지에 관하여 말해보세요.

2. 학업계획 및 진로계획 　　*대학교 입학 후 학업계획을 구체적으로 말하면?
　　　　　　　　　　　　*이를 토대로 한 졸업 후의 사회 진출의 방향과 목표는?

3. 대학교 생활 충실도 및 목표의식 　　*대학교 입학 후 가장 하고 싶은 일은 무엇인가?
　　　　　　　　　　　　　　　　*대학교 생활을 통해 꼭 이루고자 하는 목표는?

4. 전공적합성/계열적합성/진로역량
    *가장 관심을 갖고 활동한 전공분야 관련 자율/동아리/봉사/진로활동에 대해 말해보세요.
    *본인의 장·단점을 지원대학교와 지원전공과 관련하여 말해보세요.

5. 창의력 사고력
    *최근 신문이나 뉴스에서 가장 흥미 있었던 기사 또는 사회적 이슈를 말해보세요.
    *최근 감명 깊게 보았던 책 또는 영화를 소개하고 그 이유를 말해보세요.

6. 인성 / 사회성
    *좌우명이 있는가? 그 좌우명을 대학교 또는 사회에서 어떻게 실천할 것인지 말해보세요.
    *마음을 터놓을 친구나 존경하는 롤 모델은 누구인지 말해보세요.
    *봉사와 협력, 희생과 갈등 관리의 구체적 사례가 있으면 말해보세요.

7. 지원동기를 말해보세요.
*지원대학 및 지원학과와 관련한 지원동기를 구체적으로 말해보세요.

8. 자신의 장·단점을 말해보세요.
*단점은 극복과정을 구체적으로 말해보세요.

9. 자기소개를 해보세요.
*자기소개를 할 때 본인의 이름, 학교명, 지역명, 부모님 직업을 말하지 않도록 유의하세요.

10. 마지막으로 하고 싶은 말을 해보세요.
  *마지막 말을 할 때 본인의 이름, 학교명, 지역명, 부모님 직업을 말하지 않도록 유의하세요.

학생 성명		지원 대학교	
지원 전형		지원 모집단위	

연번	평가 항목	준비 내용	평점				
			5	4	3	2	1
1	지원대학교와 지원모집단위에 대한 관심과 이해도						
2	지원동기와 노력과정						
3	인재상 부합도						
4	학업계획 및 진로계획						
5	의미 있었던 고등학교 활동 (자율, 동아리, 봉사, 진로 등)						
6	존경하는 인물						
7	진로에 영향을 준 도서						
8	좋아했던(싫어했던) 과목과 이유						
9	장점과 단점 (단점은 극복과정 설명)						
10	마지막으로 하고 싶은 말						
종합평가	평가항목	■ 학업역량 ■ 진로역량 ■ 공동체역량 ■ 창의·융합능력 ■ 논리적 사고력 ■ 의사소통능력	총 점 ( )				

학생 성명		지원 대학교	
지원 전형		지원 모집단위	

학생부 항목		면접 질문 사항
5. 창의적 체험활동상황	자율활동	
	동아리활동	
	봉사활동	
	진로활동	
6. 교과학습 발달상황 (성적 & 세특)		
8. 행동특성 및 종합의견		
*독서가 기록된 학생부 항목		

성 명		학 번	
지원 대학교		지원 모집단위	
지원 전형		모집 인원	
면접 종류		면접 날짜	

모의면접 후기	
잘한 점	
보완할 점	
어려운 점	

9 | 모의면접 후기 양식

성 명		학 번	
지원 대학교		지원 모집단위	
지원 전형		면접 유형 및 면접 위원 숫자	
면접 준비 시간		면접 답변 시간	
실제 면접 질문 및 답변 내용			
특이사항 및 유의사항			
잘한 점			
보완할 점 및 어려운 점			

평가 항목		평가 점수	평가 내용
		학년 ___ 반 ___ 번 _____	
비언어적 표현	인사	5 / 4 / 3 / 2 / 1	
	표정 및 시선처리	5 / 4 / 3 / 2 / 1	
	자세 및 답변 태도	5 / 4 / 3 / 2 / 1	
	손짓 및 몸짓	5 / 4 / 3 / 2 / 1	
반언어적 표현	말의 어조	5 / 4 / 3 / 2 / 1	
	말의 속도	5 / 4 / 3 / 2 / 1	
	말의 고저	5 / 4 / 3 / 2 / 1	
	말의 강약	5 / 4 / 3 / 2 / 1	
	말의 음색	5 / 4 / 3 / 2 / 1	
내용	질문 의도 파악	5 / 4 / 3 / 2 / 1	
	표현 및 전달력	5 / 4 / 3 / 2 / 1	
	용어의 적절성	5 / 4 / 3 / 2 / 1	
	내용 및 주장의 명확성	5 / 4 / 3 / 2 / 1	
	내용 및 근거의 적절성(적확성)	5 / 4 / 3 / 2 / 1	
	자기주도적 문제해결능력	5 / 4 / 3 / 2 / 1	
	창의·융합능력	5 / 4 / 3 / 2 / 1	
	전공에 관한 관심 및 이해도	5 / 4 / 3 / 2 / 1	
	전공에 관한 학업 열정	5 / 4 / 3 / 2 / 1	

			학년 ___ 반 ___ 번 _____
평가 항목		평가 점수	평가 내용
학업역량 탐구역량	학업성취도	5 / 4 / 3 / 2 / 1	
	학업태도 및 의지	5 / 4 / 3 / 2 / 1	
	탐구력	5 / 4 / 3 / 2 / 1	
전공적합성 계열적합성 진로역량	전공 관련 교과목 이수 및 성취도	5 / 4 / 3 / 2 / 1	
	전공에 대한 관심과 이해도	5 / 4 / 3 / 2 / 1	
	전공 관련 활동과 경험	5 / 4 / 3 / 2 / 1	
인성 사회성 공동체역량	협업능력	5 / 4 / 3 / 2 / 1	
	의사소통능력	5 / 4 / 3 / 2 / 1	
	나눔과 배려	5 / 4 / 3 / 2 / 1	
	리더십	5 / 4 / 3 / 2 / 1	
	학교생활충실도	5 / 4 / 3 / 2 / 1	
발전가능성	자기주도성	5 / 4 / 3 / 2 / 1	
	문제해결능력	5 / 4 / 3 / 2 / 1	
	경험의 다양성	5 / 4 / 3 / 2 / 1	
	창의·융합능력	5 / 4 / 3 / 2 / 1	
	전공에 관한 학업 열정	5 / 4 / 3 / 2 / 1	

학년 ___ 반 ___ 번 _____

평가 항목		평가 점수	평가 내용
학업역량	학업성취도	5 / 4 / 3 / 2 / 1	
	학업태도	5 / 4 / 3 / 2 / 1	
	탐구력	5 / 4 / 3 / 2 / 1	
공동체역량	협업과 소통능력	5 / 4 / 3 / 2 / 1	
	나눔과 배려	5 / 4 / 3 / 2 / 1	
	성실성과 규칙준수	5 / 4 / 3 / 2 / 1	
	리더십	5 / 4 / 3 / 2 / 1	
진로역량	전공(계열) 관련 교과 이수 노력 전공에 대한 관심과 이해도	5 / 4 / 3 / 2 / 1	
	전공(계열) 관련 교과 성취도	5 / 4 / 3 / 2 / 1	
	진로 탐색활동과 경험	5 / 4 / 3 / 2 / 1	

13 | '동기 - 과정 - 결과' 학교활동 개요 작성지

연번	활동명	동기	과정	결과	배우고 느낀 점	변화된 점
1						
2						
3						
4						
5						

14 'S-T-A-R-L' 학교활동 개요 작성지

연번	활동명	상황(S)	과업(T)	행동(A)	결과(R)	배운 점(L)
1						
2						
3						
4						
5						

구 분	찬성 입장	반대 입장
근거(논거, 전제)		
구 분	찬성 입장에 관한 추가 질문 (예상 반론 질문)	반대 입장에 관한 추가 질문 (예상 반론 질문)
근거(논거, 전제)		
구 분	추가 질문에 관한 재반박 (예상 반론에 관한 재반론)	추가 질문에 관한 재반박 (예상 반론에 관한 재반론)
근거(논거, 전제)		

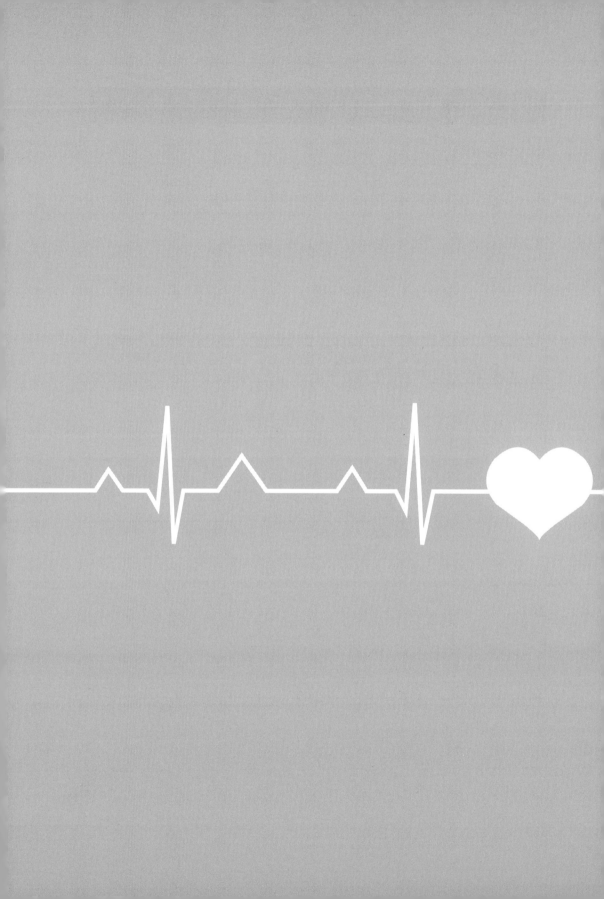

4

수의과대학
입학 결과

수의예과 대입전형 입학결과

● 용어 정의

- **50% cut** : 대입정보포털 어디가(www.adiga.kr)에서 발표한 최종등록자 평균 50% 점수

- **70% cut** : 대입정보포털 어디가(www.adiga.kr)에서 발표한 최종등록자 하위 평균 70% 점수

- **X** : 충원(최초): 대입상담포털 어디가샘(sam.adiga.kr) 입결 사례 중에서, 충원합격 사례 중 가장 높은 점수 또는 최초합격 사례 중 가장 낮은 점수

- **Y** : 충원(+1): 대입상담포털 어디가샘(sam.adiga.kr) 입결 사례 중에서, 충원합격 사례 중 가장 낮은 점수 바로 앞에 점수. 최하점에서 차하점 점수

- **Z** : 충원(최종): 대입상담포털 어디가샘(sam.adiga.kr) 입결 사례 중에서, 충원합격 사례 중 가장 낮은 점수

수의예과 수시모집 어디가+어디가샘 교과전형 입결(2023-2021)

대학명	지역	23X	23Y	23Z	22X	22Y	22Z	21X	21Y	21Z	50% cut 23	70% cut 23	50% cut 22	70% cut 22	50% cut 21	70% cut 21
강원대	강원	1.36	1.45	1.48	1.24	1.57	1.61	1.25	1.43	1.52	1.37	1.41	1.45	1.51		1.40
강원대	강원-지역	1.44	1.60	1.65	1.64	1.77	2.27	1.50	1.63	1.77	1.52	1.58				
건국대	서울	1.08	1.17	1.20	1.03	1.15	1.19				1.09	1.19	1.11	1.11		
경북대	대구	1.30	1.31	1.33	1.36	1.41	1.45				1.54	1.57	1.41	1.41		
경북대	대구-지역	1.56	1.65	1.66	1.34	1.58	1.67	1.30	1.31	1.43	1.52	1.59				
경상국립대	경남-지역	1.10	1.51	1.52	1.41	1.58	1.58	1.45	1.72	1.72	1.40	1.44	1.47	1.50		1.60
경상국립대	경남	1.35	1.45	1.49	1.40	1.52	1.53	1.39	1.55	1.58	1.35	1.41	1.41	1.47		1.50
서울대	서울	1.04	1.12	1.14	1.22	1.23	1.30	1.35	1.41	1.51	1.11	1.11	1.22	1.23		
전남대	광주	1.25	1.38	1.39	1.30	1.40	1.45	1.12	1.31	1.32	1.33	1.35	1.31	1.40		
전남대	광주-지역	1.33	1.40	1.45	1.44	1.45	1.45				1.36	1.44				
전북대	전북	1.17	1.31	1.37	1.31	1.58	1.59	1.27	1.42	1.43	1.20	1.25	1.38	1.46		
전북대	전북-지역	1.60	1.63	1.68	1.58	1.58	1.58	1.49	1.49	1.49	1.66	1.71				
제주대	제주	1.39	1.43	1.48	1.00	1.10	1.10	1.10	1.40	1.50	1.39	1.45	1.52	1.53		
제주대	제주-지역	1.72	1.84	1.90							1.89	1.91				
충남대	대전	1.45	1.48	4.50	1.48	1.61	1.66	1.41	1.58	1.62	1.40	1.47	1.54	1.59		
충남대	대전-지역										1.48	1.51				
충북대	충북	1.13	1.16	1.22	1.15	1.27	1.33	1.12	1.25	1.39	1.15	1.23	1.16	1.19		
충북대	충북-지역										1.16	1.19				

*지역 = 지역인재전형의 줄임말

대학명	지역	23X	23Y	23Z	22X	22Y	22Z	21X	21Y	21Z	50% cut 23	70% cut 23	50% cut 22	70% cut 22	50% cut 21	70% cut 21
강원대	강원															
건국대	서울	1.21	1.82	2.52	1.30	1.41	1.44	1.21	1.40	1.52	1.77	2.24		1.33		
경북대	대구	1.69	1.74	1.99	1.44	1.60	1.78	1.47	1.52	1.66	1.88	2.19	1.86	1.87		
경상 국립대	경남-지역	1.25	1.25	1.25	1.14	1.33	1.39	1.20	1.36	1.44						
경상 국립대	경남	1.27	1.42	1.54	1.24	1.45	1.65	1.25	1.48	1.68	1.30	1.07	1.48	1.52		
서울대	서울	1.48	1.67	1.98	1.53	1.78	2.06	1.53	1.65	2.07	1.69	1.98	1.76	1.81		
전남대	광주	1.49	1.53	1.67	1.31	1.64	1.68				1.52	1.62	1.61	1.62		
전북대	전북	1.51	1.59	1.72	1.84	1.84	1.84	1.39	1.50	1.50						
제주대	제주	1.30	1.31	1.31	1.14	1.41	1.54	1.40	2.10	2.10						
충남대	대전	1.59	1.65	1.72	1.31	1.68	1.75									
충북대	충북	1.16	1.19	1.21	1.17	1.19	1.23	1.26	1.27	1.32			1.17	1.18		
충북대	충북 (종합-최저)	1.31	1.39	1.42	1.27	1.60	1.60				1.36	1.36	1.28	1.33		

대학명	지역	23X	23Y	23Z	22X	22Y	22Z	21X	21Y	21Z	50% cut 23	70% cut 23	50% cut 22	70% cut 22	50% cut 21	70% cut 21
강원대	강원	289	289	289	288	288	288	287		287	97.0	291	96.5	290	95.3	286
건국대	서울	295	294	294	295	293	290	289		287	96.8	290	96.7	290	96.2	289
경북대	대구	291	291	291	290	289	289	282		282	95.5	287	95.0	285	94.7	284
경상 국립대	경남	296	296	296	288	288	288	293		293	95.5	287	92.3	277	95.5	287
서울대	서울		287		293	287	286	297			97.2	292	96.8	290	95.3	286
전남대	광주	288	288	288	290	280	280	286		286	95.8	287	94.3	283	94.2	283
전북대	전북										96.5	290	95.5	287	95.3	286
제주대	제주	291	289	289	295	290	290				96.5	290	95.7	287	95.3	286
제주대	제주- 지역															
충남대	대전	293	293	293	293	292	290	286			94.7	284	94.9	285	94.5	284
충남대	대전- 지역	293	293	293	292	292	292				93.2	280				
충북대	충북	288	288	288	292	278	278	287		284	96.7	290	94.2	283	94.0	282

● **학생부교과전형**

전형구분	모집인원	지원인원	경쟁률	등록인원	최종합격 후보순위	충원합격 등록인원
일반학생	15	287	**19.1**	14	29	9
지역인재 특별전형	15	146	**9.7**	15	11	10

전형구분	총점 (학생부 환산점수)		50%컷	70%컷		학생부 등급	
	평균	편차	학생부등급	총점	학생부등급	평균	편차
일반학생	99.54	0.29	**1.20**	997.37	1.25	1.20	0.08
지역인재 특별전형	998.05	0.50	**1.66**	997.71	1.71	1.62	0.14

● **학생부종합전형(등록인원이 3명 이하인 모집단위는 성적 비공개)**

전형구분	모집인원	지원인원	경쟁률	등록인원	최종합격 후보순위	충원합격 등록인원
큰사람	2	50	25.0	2	3	2
기회균형선발	1	9	9.0	1	–	–
농어촌학생	1	15	15.0	1	–	–

전형구분	전형별 반영점수 기준(1,000점 만점)				학생부 기준
	평균	편차	50%컷	70%컷	평균
큰사람	**985.80**	–	–	–	1.86
기회균형선발	–	–	–	–	–
농어촌학생	–	–	–	–	–

● 수능전형

전형구분	모집인원	지원인원	경쟁률	등록인원	최종합격 후보순위	충원합격 등록인원
정시(나) 일반전형	19	151	7.91	19	16	11

전형구분	수능 (백분위 70%컷)					수능환산점수	
	국어	수학	탐구	평균	환산점수	평균	편차
정시(나) 일반전형	98	99	93	96.5	366.86	367.17	0.56

전형구분	수능표준점수평균 (환산하지 않은 점수)			수능영역별 평균등급			
	국어	수학	탐구	국어	수학	영어	탐구
정시(나) 일반전형	127.11	139.11	65.79	1.37	1.00	1.32	1.58

● **학생부교과전형** (KU지역균형전형)

■ 최종등록자 기준

■ 학생부 교과 등급은 국어, 수학, 영어, 사회, 과학, 한국사 교과 내 전 과목의 산술평균

■ **50% cut** : 최종 등록자 중 학생부 교과성적 순으로 상위 50%에 해당하는 점수(100명 중 50등의 점수)

■ **70% cut** : 최종 등록자 중 학생부 교과성적 순으로 상위 70%에 해당하는 점수(100명 중 70등의 점수)

단과대학	모집단위	모집인원	경쟁률	충원인원	등급(교과)		교과환산점수	
					50% cut	70% cut	50% cut	70% cut
수의과대학	수의예과	5	16.40	5	1.09	1.19	699.72	699.64

● **학생부종합전형** (KU자기추천전형)

■ 최종등록자 기준

■ 학생부 교과 등급은 국어, 수학, 영어, 사회, 과학, 한국사 교과 내 전 과목의 산술평균

■ **50% cut** : 최종 등록자 중 학생부 교과성적 순으로 상위 50%에 해당하는 점수(100명 중 50등의 점수)

■ **70% cut** : 최종 등록자 중 학생부 교과성적 순으로 상위 70%에 해당하는 점수(100명 중 70등의 점수)

단과대학	모집단위	모집인원	경쟁률	충원인원	등급(교과)	
					50% cut	70% cut
수의과대학	수의예과	16	20.69	6	1.77	2.24

● **논술전형** (KU논술우수자형)

■ 수능최저학력기준 충족률 : 응시자 기준
■ 논술점수 : 최종등록자의 평균값(1,000점 만점)

단과대학	모집단위	모집인원	경쟁률	충원인원	수능최저 충족률(%)	논술 평균
수의과대학	수의예과	6	441.83	0	59.45	954.92

● **수능전형** (KU일반학생전형 - 가군)

■ 최종등록자 기준
■ 국어, 수학, 탐구(2과목 평균)는 백분위, 영어는 등급 영역별 상위 70%에 해당하는 점수 (100명 중 70등의 점수)
■ 환산점수는 학생선발에 활용된 수능 환산점수 상위 70%에 해당하는 점수(100명 중 70등의 점수)
■ 평균은 국어, 수학, 탐구(2과목) 산술평균의 상위 70%에 해당하는 점수(100명 중 70등의 점수)

단과대학	모집단위	모집인원	경쟁률	충원인원	수능 70% cut	
					환산점수	평균
수의과대학	수의예과	42	4.21	20	737.53	96.83

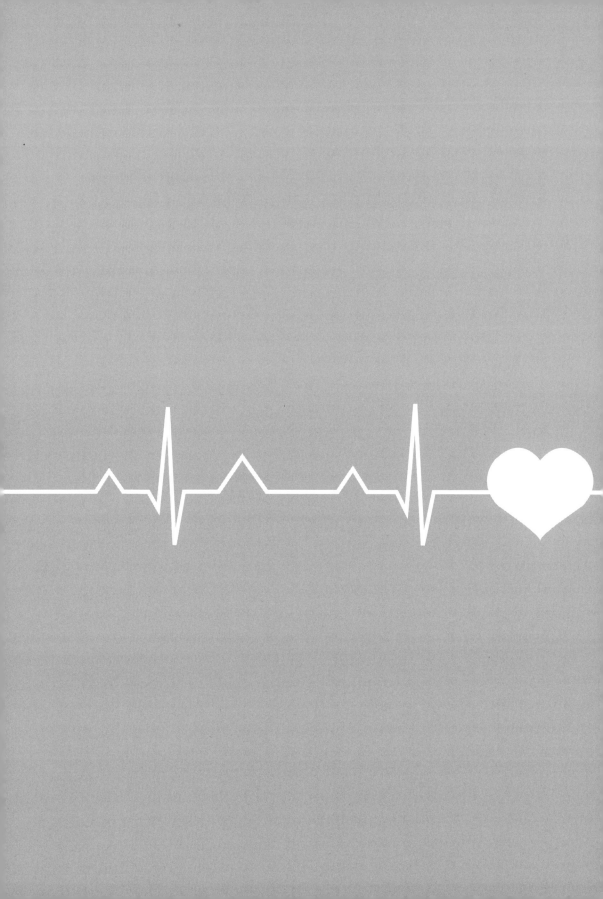

5

부록

수의예과 대입전형[2024학년도]

수의예과는 전국 10개 대학에서 신입생을 선발한다. 수의예과 2024학년도 정원 내 모집인원은 497명으로, 수시 322명(64.78%), 정시 175명(35.21%)이다. 수시모집인원이 18명 증가하고, 정시모집인원이 17명 줄어 전체 모집인원은 1명 늘었다. 학생부교과전형으로 선발하는 인원이 전체 모집인원의 41.45%인 206명으로 정시모집 인원 175명보다 많다. 하지만 일반전형으로 모집인원을 분리하면, 수시모집 일반전형 213명, 정시모집 171명, 총 384명을 선발한다. 특히, 지역인재전형을 제외한 수시모집 일반전형 모집인원이 대폭 줄어드는 것이 눈에 띈다. 그 이유는 건국대와 서울대를 제외한 대학이 모두 지역거점 국립대기 때문이다. 따라서 지방 학생들은 지역인재전형에 적극적으로 지원하는 것이 현명한 전략이다. 학생부교과전형 다음으로는 학생부종합 100명(20.12%), 논술전형 16명(3.21%) 순이다. 지역인재전형으로는 경상국립대 25명, 전북대 20명, 경북대 11명 등 8개교에서 107명(수시 103명, 정시 4명)을 선발한다.

끝으로, 수의예과는 모집인원이 많고 대학 숫자가 많은 의예과, 약학과와는 달리 모집 대학과 모집인원이 적어서 서울 상위권 공학계열 및 한의예과, 약학과 등을 병행해 지원하는 경우가 많은 것이 특징이다. 수의예과의 수시모집 합격선은 어디가 발표 하위 70% CUT 기준으로 학생부교과전형(일반전형)은 내신 평균 등급이 1.1~1.4 정도다. 정시모집 합격선은 어디가 발표 하위 70% CUT 기준으로 수능(일반전형)은 백분위 94%~96% 정도다. 따라서 수의예과를 지원하고 싶은 학생은 내신이 1점대 초반이라면 학생부교과전형, 1점대 중·후반이라면 학생부종합전형 그리고 수능 모의고사 성적이 백분위 95% 정도라면 정시까지 고려하여 준비할 것을 권한다.

● 2024학년도 수의예과 모집 현황

지역	대학명	모집인원 (명)	수시모집				정시모집			
			학생부 교과	학생부 종합	논술	수시 합계	가군	나군	다군	정시 합계
서울	건국대	70	5	17	6	28	42	–	–	42
	서울대	40	–	25	–	25	–	15	–	15
강원	강원대	40	26	4	–	30	10	–	–	10
대구	경북대	57	25	10	10	45	–	12	–	12
경남	경상국립대	50	35	10	–	45	5	–	–	5
광주	전남대	50	26	8	–	34	–	16	–	16
전북	전북대	50	30	2	–	32	–	18	–	18
대전	충남대	54	27	11	–	38	16	–	–	16
충북	충북대	46	14	11	–	25	21	–	–	21
제주	제주대	40	18	2	–	20	–	–	20	20
합계		497	206	100	16	322	94	61	20	175

가. 학생부교과전형

전국 10개 수의대 중 학생부교과전형이 없는 서울대를 제외하고 9개 대학에서 수시모집에서 가장 많은 인원인 206명을 학생부교과전형으로 선발한다. 특별한 자격조건이 없는 일반전형이 104명, 지역인재전형이 100명, 고른기회전형 2명이다. '지역인재 특별전형'은 지방대육성법 시행령 개정으로 의·치·한의·약학·간호계열 의무선발비율(2023학년도 대입부터 지방대학 의·치·한의·약학·간호계열 지역인재 40%(강원·제주 20%) 선발 의무화)이 상승함에 따라 지역인재전형 모집인원은 전년대비 2,581명 증가했다. 예를 들어 지역인재전형 대구, 경북권 등은 출신고교의 행정구역 위치에 따라 지원이 제한되므로, 다른 지역과 수도권의 학생들은 이 전형에 지원할 수 없다. 역차별 논란이 일어나는 이유다. 수의예과 학생부교과전형은 건국대 KU지역균형전형만 수능 최저학력기준을 적용하지 않고, 나머지 8개 대학은 수능 최저학력기준을 적용한다. 수능 공부를 소홀히 해서는 안 되는 이유다. 경북대가 3개 영역 등급 합 5 이내, 경상대, 전남대, 충남대 등은 3개 영역 등급 합 6 이내, 강원대, 전북대, 제주대, 충북대 등은 3개 영역 등급 합 7 이내의 수능 최저학력기준을 충족해야 한다.

끝으로, 학생부교과전형은 대부분 학생부 교과 100%로 선발하지만, 건국대는 서류 30%, 경북대는 서류 20%를 반영하는 점에 유의해야 한다. 즉, 지원한 모집단위에 맞는 교과 이수현황과 주도적인 노력이 학교생활기록부에 기재돼 있지 않으면, 내신 성적이 좋아도 합격이 보장되지 않는다는 점을 명심하자. 수의예과 전형 중에서 가장 많은 인원을 선발하는 전형이므로, 내신이 우수한 학생이라면 적극적으로 지원해야 한다. 특히, 지방 학생들의 지역인재전형 지원은 선택이 아니라 필수다.

● 2024학년도 수의예과 수시모집 학생부교과전형 '일반전형' 모집 현황

대학명	전형명	모집 인원 (명)	전형방법	수능 최저학력기준
강원대	일반	15	학생부100	국, 수(미/기), 영, 과(1) 중 3개 합 7 이내
건국대	KU지역균형	5	학생부70+ **서류30**	**미적용**
경북대	교과우수자	14	학생부80+ **서류20**	국, 수(미/기), 영, 과(2, 절사) 중 3개 합 5 이내
경상국립대	일반	13	학생부100	국, 수, 영, 과(1) 중 수 포함 중 3개 합 6 이내
전남대	일반	10	학생부100	국, 수(미/기), 영, 과(1) 중 3개 합 6 이내
전북대	일반학생	10	학생부100	국, 수(미/기), 영, 과(1) 중 3개 합 7 이내
제주대	일반학생	9	학생부100	국, 수(미/기), 영, 과(2) 중 수(미/기), 과탐 포함 3개 합 7 이내
충남대	일반	19	학생부100	수(미/기), 영, 과(2) 3개 합 6 이내
충북대	학생부교과	9	학생부100	국, 수(미/기), 영, 과(2) 중 3개 합 7 이내
합계		**104**		

나. 학생부종합전형

수의예과 학생부종합전형은 10개 대학 모두 실시하며, 모집인원은 100명이다. 경상국립대 지역인재전형 3명, 기회균형전형(정원 내) 2명, 서울대 기회균형특별전형(사회통합전형) 2명(정원 내)이 있어서 일반전형으로 모집하는 인원은 93명으로 7명이 줄어든다. 특히, 수도권에서 수의예과를 학생부종합전형으로 선발하는 건국대 KU자기추천전형 17명, 서울대 지역균형 4명, 일반전형 19명을 합쳐도 40명으로 매우 적은 숫자다. 수도권 학생들이 수의예과를 목표로 학생부종합전형을 준비하기 어려운 큰 이유다. 지역거점국립대에서 학생부교과전형의 지역인재전형 선발이 많기 때문에 그만큼 수도권 학생들은 기회가 줄어들 수밖에 없다. 수도권 학생들이 역차별을 받고 있다는 볼멘소리가 합리적으로 들리는 이유다. 서울대 일반전형(19명), 건국대 KU자기추천전형(17명), 경북대 일반학생(10명), 전남대 고교생활 우수자 유형Ⅰ(8명)을 제외하고 나머지 지역거점 국립대는 모집인원이 6명 이하이어서 과년도 입학결과, 경쟁률, 면접 유무, 수능 최저학력기준 유무, 학생부종합 평가요소 등을 다각도로 분석하지 않으면 합격이 쉽지 않은 전형이다. 건국대 KU자기추천, 경상국립대 일반, 서울대 일반, 제주대 일반학생, 충남대 학생부종합Ⅰ(일반), 서울대 지역균형, 전남대 고교생활 우수자 유형Ⅰ, 전북대 큰사람 전형 총 8개 대학은 2단계에 면접을 실시하므로, 면접 경쟁력을 갖춰야 한다. 건국대 KU자기추천, 경상국립대 일반, 서울대 일반, 제주대 일반학생, 충북대 학생부종합Ⅰ은 수능 최저학력기준을 적용하지 않는다. 하지만 나머지 8개 전형에서는 수능 최저학력기준을 적용하므로, 수능 공부에 최선을 다해야 한다. 강원대 미래인재Ⅰ, 경북대 일반학생, 서울대 지역균형, 전남대 고교생활 우수자 유형Ⅰ, 전북대 큰사람, 충남대 학생부종합Ⅰ[일반, 서류], 충북대 학생부종합Ⅱ는 수능 최저학력기준으로 3개 영역 등급 합 5 이내(경북대), 7 이내(서울대, 전남대, 전북대, 충남대), 8 이내(강원대, 충북대)까지 적용한다. 서울대, 충북대는 학생부종합전형으로 수능 최저학력기준을 적용하는 전형과 적용하지 않는 두 개의 전형을 동시에 실시한다.

끝으로, 서울대는 지역균형전형 4명, 일반전형 19명, 기회균형특별전형(사회통합) 총 25명을 선발한다. 권장과목 및 핵심권장과목 등 교과 이수현황, 교과 학업성적, 세부능력 및 특기사항 등 학생부종합전형답게 뽑는다는 점 잊지 말자. 내신만 좋다고 합격이 보장되지 않는다는 뜻이다. 수의예과 학생부종합전형은 반려동물 등 이 분야 관련 진로활동, 교과연계활동, 심화주제탐구활동 등이 없다면, 전형을 바꿔서 지원할 것을 권한다.